U0918943

—— 作者 ——

迈克尔·阿林厄姆

牛津大学摩德林学院研究员。于爱丁堡大学先后攻读自然哲学与政治经济学，之后在英美多所大学任教。研究旨趣为经济理论、分析哲学和政治理论的交叉内容，已出版著作包括《平衡与失衡》《总体平衡》《价值》《无意识契约》《市场理论》《套利》《理性选择》等。

[英国] 迈克尔·阿林厄姆 著　陆赟 译

选择理论

牛津通识读本·

Choice Theory

A Very Short Introduction

译林出版社

图书在版编目（CIP）数据

选择理论 /（英）迈克尔·阿林厄姆（Michael Allingham）著；
陆赟译．—南京：译林出版社，2023.1
（牛津通识读本）
书名原文：Choice Theory: A Very Short Introduction
ISBN 978-7-5447-9316-2

Ⅰ.①选… Ⅱ.①迈… ②陆… Ⅲ.①选择学 Ⅳ.① C934

中国版本图书馆 CIP 数据核字（2022）第 127650 号

著作权合同登记号　图字：10-2014-197 号

选择理论　[英国] 迈克尔·阿林厄姆 / 著　陆　赟 / 译

责任编辑　杨欣露
装帧设计　韦　枫
校　　对　王　敏
责任印制　董　虎

原文出版　Oxford University Press, 2002
出版发行　译林出版社
地　　址　南京市湖南路 1 号 A 楼
邮　　箱　yilin@yilin.com
网　　址　www.yilin.com
市场热线　025-86633278
排　　版　南京展望文化发展有限公司
印　　刷　南京新世纪联盟印务有限公司
开　　本　850 毫米 ×1168 毫米　1/32
印　　张　4.75
插　　页　4
版　　次　2023 年 1 月第 1 版
印　　次　2023 年 1 月第 1 次印刷
书　　号　ISBN 978-7-5447-9316-2
定　　价　59.50 元

序　言

汪丁丁

这本小册子是牛津大学出版社的“极简”系列丛书的一种，极简明，且尽力兼顾学术性和通俗性。遵循这一主旨，它的中译本序，也应极简，例如，五百字。

选择，是生命活动的基本性质之一。极端而言，即便是无意识的行为，只要表现出多样性，就可视为“选择”的结果——是“自然选择”而不是“理性选择”。自然选择的合理性，可由演化理论得到解释，虽不充分但尚无其他可替代的解释。理性选择的合理性，要由解释者对被解释的行为赋予令人信服的解释。例如，宗教行为的合理性，可由信仰的压倒性力量得到解释，尽管对无信仰者它显得荒谬。

对人类而言，最长期的决定力量只有两类，宗教的和经济的。经济行为的合理性，依行为的个体性和集体性而分为两种，个体选择的理性与集体选择的理性。这本书的图3，给出以这两种理性为主题的各章之间的联系，可说是关于这本书最重要的心智地图。

在政治经济学领域，对集体选择理性的探讨构成“社会选择”

理论的核心议题，引致了一系列“不可能性”定理（参阅这本书的第六章“民主与独裁”）。对个体选择理性的探讨构成“新古典经济学”的核心议题，引致了行为的经济学解释（参阅这本书的第二章和第五章，我建议读者最后再阅读第三章和第四章）。

目 录

前 言 1

第一章 选择与欲望 1

第二章 理由与理性 13

第三章 赛马与轮盘赌 33

第四章 赌博与保险 56

第五章 冲突与合作 74

第六章 民主与独裁 99

术语表 128

译名对照表 137

参考文献 140

扩展阅读 142

前　言

阿尔伯特·爱因斯坦是这样来介绍他那本充满智慧的《相对论》的：

本书欲尽最大可能，使读者准确深入地了解相对论。这些读者从科学和哲学的一般角度，对相对论颇感兴趣，却苦于无法熟练运用理论物理学中的数学工具。本书假定读者具备能通过大学入学考试的教育水平，并且，尽管本书篇幅短小，读者仍需有足够耐心和毅力。作者本人殚心竭虑，试图以最简洁明了的方式来阐述要义……愿本书给一些读者带去若干富于启迪的快乐时光！

除了用“选择”替换上面这段话中的“相对论”，用“逻辑”替换“物理”，我找不出更好的方式来表述本书的意图。

选择理论研究的是在符合逻辑的选择模式下所潜藏的推理过程：作出理性行为究竟意味着什么。这一点为何重要？正如亚里士多德提醒我们的：“行为的本原是选择，而选择的本原是欲望和推理……没有智力和性格的结合，好或坏的行为也就不可能存在。”选择理论详尽阐发作出良好行为所需的推理过程，至于同样为这种行为所需的性格则取决于读者你自己。

本书篇幅短小，并非因为它只涵盖了狭小的范围，而是因为它没有详尽无遗地深入所探讨领域的细节。书中提及许多有趣的看点，但多数情况下只提供了寻找这些看点的部分指导：本书更像是导游手册，而非地名索引。许多论据被略去了，或是只作了概述：读者可能喜欢自己来提供，或者补充完整。在书中用“显而易见”这个短语来表述的地方，读者便满可以补充自己的论据。书末的注释标示了哪里可以找到帮助，同时也提醒了一些难点，即使是那些极为勇敢的探索者，试图克服这些难点也是不明智的。书中还提出了一些开放性问题和悖论，但没有解决。不过书里给出了一些指导意见，可以帮助读者自己找到解决办法：读者必须在这些问题上持有自己的观点。

我要感谢牛津大学出版社的谢利·考克斯，她建议我撰写本书，并对手稿提出了意见。感谢我的家人和朋友，他们同样提出许多意见。我还要感谢锡耶纳大学提供了一个理想的环境，使我得以思考这些根本的内容。最后感谢摩德林学院给了我一段假期，得以将想法写成文字。

第一章

选择与欲望

选择生活。选择工作。选择职业生涯。选择家庭。选择大彩电,选择洗衣机、汽车、CD播放机和电动开罐器。选择健康、低胆固醇和牙科保险。选择固定利率抵押还贷。选择人生的第一套房子。选择你的朋友。选择休闲装和相配的行李。选择分期付款买一组三件套的家具……选择你的未来。选择人生。

但为什么我要做那样的事?我选择不去选择人生:我选择其他的事。理由?没有理由。谁需要理由?

这是电影《猜火车》开头的画外音。但这个叫瑞顿的小伙子,他的选择是否合理?他选择"其他事",而不是"人生",这是他自己的想法:尽管我和你可能不会这样选,这样的选择本身并不是非理性的。正如人们所说,爱好不容争辩[1]。但瑞顿号称这样选择没有理由却是另一回事。正如语言所暗示,并且我们将要看

① 原文为拉丁语,意为"人各有所好"。这既是一句谚语,也是诺贝尔经济学奖获得者加里·贝克尔一篇著名论文的标题。贝克尔的主要研究方向与选择理论紧密相关,作者此处显然是一语双关。——本书注释除特别注明外,均由译者添加。

到的，在理由和理性之间存在紧密联系。事实上，瑞顿自己也很快给出了一个理由：

> 人们以为那就是关于痛苦、绝望、死亡以及所有类似主题的屁话，这些当然不能忽视，但他们忘了其中的快感。否则我们就不会做。毕竟，我们不傻。至少没那么傻。

瑞顿的想法很实际，他又继续说道：

> 吸毒的时候，你只用操心一件事：弄到毒品。不吸毒的

图1 《赫拉克勒斯的选择》：美德与恶行（保罗·德·马泰斯，1712）

时候，你就得操心所有其他乱七八糟的杂事。没有钱：没有酒喝。有了钱：喝得太多。没有女人：玩不起来。有了女人：麻烦不断。你得操心账单，操心吃的，操心某个永远赢不了球的足球队，操心人际关系，以及所有根本无关紧要的一切。①

所有的选择，正如瑞顿的选择一样，源于内心和大脑。内心提供激情，大脑则给出理由。那些基于细致入微的推理却缺乏欲望的选择是空洞的。但只有激情、没有理由的选择则难以付诸实施：它只适合于某个气急败坏的孩子，既想回家，又不想回家。

亚里士多德（前384—前322）是选择理论，同时也是逻辑学本身的创始人。他指出了选择、理由和欲望之间存在的联系："……选择的根源在于欲望以及对结果有所预见的推理——这就是为什么选择不可能脱离……理由而单独存在"；或者，更简要地说，"选择就是深思熟虑的欲望"。苏格兰启蒙运动的领袖大卫·休谟（1711—1776）说过这样的名言："理性是并且只应该是激情的奴隶。"激情本身，即使是瑞顿那样的激情，既不是合理的，也不是不合理的："在任何情况下，激情都不能被称做不合理。"因此，"宁愿世界毁灭也不愿划破手指，这种做法并不违背理性；为了让一个印第安人免受些许不快而选择自己倾家荡产，这对我来说同样不违背理性"。

① 原文大量使用俚语，为明白起见，译文采用标准用语。

框　架

合理性是选择模式而不是单个选择本身的属性。想回家这件事本身没有任何不合理之处，但既想回家，又不想回家，这当中就有问题。瑞顿选择海洛因这件事本身没有任何不合理之处，但如果他同时又选择要避免可能出现的痛苦、绝望和死亡，他的选择就会显得很古怪。因此，要探究理性究竟意味着什么，我们必须关注选择模式。我们必须关注当候选菜单发生变化的时候，选择随之变化的方式。由候选菜单和选择所构成的这一框架需要一些解释。

我所说的**候选菜单**，指的是必须从中作出选择的一系列候选项。（类似“候选菜单”之类的专业用语，首次出现时用斜体[①]表示，并且在书末的术语表中附有解释。）但与餐馆的菜单不同，我们所谈论的候选菜单，其中必须有某个选项成为我们的选择。一份简单的餐馆菜单可能是这样的：

三明治

鳄梨三明治

熏肉三明治

这样的菜单允许饱的人什么都不选，也允许饿的人同时选择

① 译文用粗体表示。——编注

MENU

Potage à la Brunoise.

Saumon à la Tartare. Saumon en aspic.
Saumon à la Montpellier. Mayonnaise de saumon.
Coquille de crabe. Filets de soles en aspic.
Anguilles en aspic.

Salade. Homard en salade.
Poulets rôtis. Poulets à la Béchamel. Mayonnaise de poulet.
Poulet en aspic. Canetons rôtis.
Agneau roti. Rosbif farci. Galantine de veau.
Paons rôtis.
Côtelettes d'agneau aux petits pois.
Côtelettes d'agneau aux tomates.
Galantine de poulet. Langues de bœuf.
Chaudfroid de cailles. Chaudfroid de pigeons.
Pompinettes à l'Italienne. Foie gras en aspic.
Ris de veau en aspic. Quenelles de veau en aspic.
Sandwiches aux anchois Sandwiches au cresson.
Sandwiches aux œufs.

Gelées à l'eau de vie de Dantzic. Gelées à la Belgrave.
Gelées au curaçoa. Gelées au punch.
Macedoine de fruits en gelée. Gelées au marasquin.
Crème de limon. Crème à la vanille. Crème aux pistaches.
Crème à l'ananas.
Meringues. Franchinettes. Blancmanges.
Pâtisserie à la Française. Pâtisserie à la Chantilly.
Gâteaux à la Neapolitaine. Gâteaux aux abricots.
Compôte de poires. Compôte d'ananas.
Compôte d'abricots. Compôte de pêches.
Chartreuse d'oranges. Chartreuse de fraises.
Chartreuse d'abricots. Chartreuse de pêches.
Tipsy cake. Petits nougats.
Tartelettes à la mosaique.

Floreat Magdalena

图2　一份菜单：摩德林学院，1889年6月24日

两项。与之对应，我们所说的候选菜单应该是这样的：

选项

什么都不选

只选鳄梨三明治

只选熏肉三明治

同时选择两者

现在，通过人为规定，候选菜单中的某个选项必须被选中，即使那个选项叫做“什么都不选”。（为了强调不要按照字面意思来理解菜单和选项，这些英文单词或者首字母用了大写，或者被加了引号。）不过，我们必须允许持平，也就是说，同等选择多个选项。例如，只选鳄梨可能与只选熏肉持平。当我们说这两项持平，或者同等选择这两项，仅仅是说我们对两者同等满意。持平并不意味着我们要同时吃两种三明治：面对持平局面，你可以想象我们依靠某种任意的决定办法，比如掷硬币，来打破平局，然后吃下被选出的那一种。没有这种人为的手段，我们就会发现自己和布里丹的毛驴一样，处于困境。经院哲学家让·布里丹（1295—1358）曾设想过有一头毛驴被放置在两堆完全一样的干草之间，最后活活饿死，因为它没有任何理由朝其中一个方向而不是另一个方向移动。

为了举例说明在选择模式中找到（或者无法找到）理性的情形，我们来看一下三明治菜单。面对这样的菜单，你选择鳄梨三明治；你的选择没有不合理之处。但是，当侍者过来听你点菜的时候，他告诉你还有奶酪三明治。这样，你的候选菜单就包括了三个选项：鳄梨、熏肉、奶酪。你选择了熏肉。同样，这次的单个选择没有不合理之处。但是很显然你的选择模式有问题：当候选菜单扩大，包含了某个你不需要的选项（即奶酪）之后，你改变了选择。

在整本书里，我都假定有足够多的选项使得所涉及的问题不致过于平凡。比如，我将忽略只含一个选项的菜单。除非不可避免，否则我也将假定所有的菜单都包含有限选项。后一个假定排除了两类选择。第一类选择的例子是不受限制地选择一定数额的美元。这个例子中出现的问题是有无数的离散数额，比如1美元、2美元、3美元等等。这一类选择可以毫不犹豫地排除，因为几乎所有有趣的候选菜单都有某个“上限”和“下限”。第二类选择的例子是选择淋浴的温度，比如在10摄氏度至60摄氏度之间进行选择。在本例中，显然存在上限和下限，但是温度可能在此区间连续变化。排除这类选择不会造成实际问题。如果我们在作出选择时，把温度变化幅度限制为0.1度，并不会有任何实质性损失。经此限定，我们的候选菜单就只包括有限数量的选项。

此外，在多数情况下我将假定选择不受时间影响。表面上看起来这个假设会限制我们的讨论范围，实则不然。因为大多数涉及时间的选择都可以用不受时间限制的方式来表达。比如，今天你可以选择“今天选鳄梨，且明天选熏肉”，这显然是涉及时间的一个选择。你也可以在今天选择“如果明天下雨，或者如果飞马赢了德比马赛，或者如果今天我选了熏肉，明天就选熏肉”。时间在上述例子中都有涉及，但对选择影响不大。然而，正如我们将看到的，并非所有的选择都符合这种模式。

一些情形

在本书的剩余部分，我将探讨在不同情形下作出理性选择究竟意味着什么。我从最简单的框架开始研究理由和理性，假定候选菜单由限定选项组成，比如鳄梨和100美元。这样的框架适用于分析诸如在哪里居住或者和谁共度余生这样的选择。

在此基础上，我转而研究候选菜单由不确定选项或赌局组成的情形，包括：（1）概率给定的情况，如“如果红色出现，就获得100美元”，典型例子是轮盘赌；（2）概率未定的情况，如“如果飞马赢得德比马赛，就获得鳄梨”，典型例子是赌马。上述两部分讨论分别适用于以下选择：（1）如果被告知手术死亡率为25%，是否接受该手术；（2）面临恐怖袭击威胁时，是否乘坐飞机旅行。

我随后暂时搁下正题，考虑这一情形的特例，即所有不确定选项只涉及金钱。在这种情况下，对风险的态度，正如在赌博和保险中所显示的，会对选择产生影响。这些讨论尤其适用于以何种形式持有财富，以及是否为房屋投保之类的选择。

回到主题后，我考察的是菜单由策略选项组成的情况，例如在拍卖中作出高或低的报价，或者更一般的情况，选择冲突或是合作。这些讨论适用于下列选择：如果知道其他人都在设法避开交通高峰，你该选择什么时间出行；或者对一个国家来说，当其他国家也都面临类似选择的时候，是否发展核武器。

到目前为止所讨论的都是个人选择。在本书最后一部分，我对集体选择进行了讨论，研究作出集体选择的机制，如民主或独裁。这些讨论适用于以下情况：一群朋友如何选择一个饭馆；或者在更大范围内，适用于比较选举制度中简单多数原则和比例代表制各自的相对优势。以上这些情形之间的联系如下图所示。

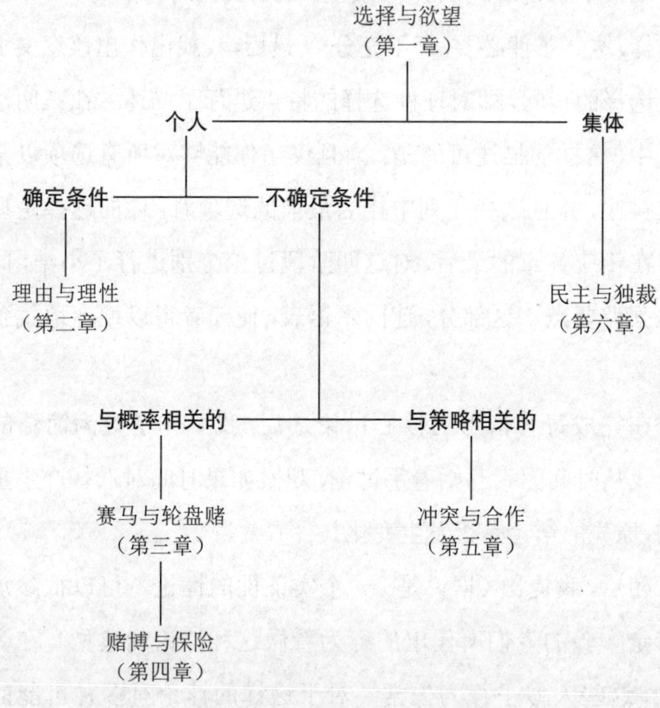

图3　选择理论的树状关系图

在每种情形的核心讨论部分，我分为四个阶段来展开。首先，我举一些看起来有问题的例子：比如上文中所讨论的三明治的例子。其次，我指出在这些例子背后可能潜藏的普遍问题：在三明治的例子中，我指出问题在于当候选菜单因为增加了某个你不需要的选项而扩大之后，你的选择改变了。再次，我提议作为理性选择的约束条件，类似的问题不应该发生；这实际上界定了"理性"的含义。在三明治的例子中，限定条件可以是：候选菜单增加不相关选项不应该影响你的决定；如果满足这个条件，选择就可以被认为是理性的。（事实上，正如我们将看到的，要作出理性选择，这一条件必要，却不充分。）最后，我找出作出该意义上的理性选择的步骤，即对理性选择的特点进行了描述。在三明治的例子中，这样的描述可能是：当且仅当你能够对所有选项以某种方式排序，并且选择序列中排名最前的选项时，你的选择是理性的。在相应各章的最后，对这四阶段讨论分别进行了小结，同时再次强调要点。这部分，连同术语表，使读者得以便捷地找到相关定义。

在完成每种情形的核心讨论之后，我又作了更为简洁的扩展。我从时间因素开始着手讨论，观察如果时间对选择产生重要影响，原先的结论是否发生变化。

随后，我提出（据说是）一个实证性的悖论。可以把参加某种特定实验的人们所作出的行为看做这种悖论的典型。在旁人看来，这些人似乎行为失常。对于这样的悖论有多种可能的反应。首先，我们可以假定人们在面对真实的或重要的选择时，与面对人为构造的或无关紧要的选择时，会作出不同的行为：如果有可能失去的是房子而不是区区10美元的酬劳，你会更加小心。

其次，我们可以承认，所有人都不时犯错误：你无意间作出非理性决定的事实并不意味着如果有人指出这种不理智，你仍将继续如此。再次，我们可以将选择理论解释成对何为理性所作的讨论（并且这些讨论可能指导我们作出合理决定），而不是对人们的实际行为进行描述。最后，我们可以尝试对理论进行修正来消除悖论。然而，修正理论以解决某个特定悖论的做法很可能产生更多问题：应该牢牢记住"法不容情[①]"这句格言。你应该对每一个悖论作出自己的反应。

我在结尾部分讨论了这一理论是否有助于财富的公正分配，也就是所谓的**分配正义**。这是选择理论的应用之一。确实，选择理论所隐含的在分配正义方面的应用，可以被看做本书主题之外的补充情节。

如我所说，我们可以把选择理论解释成对何为理性所作的讨论，或者是对人们实际行为的描述。如果采用后一种解释，我们不应该把"描述"和"说明"相混淆。不能说人们刻意按照选择理论所提示的种种分析路径来决定自己的行为，而应该说，总体上人们的行为似乎符合这一理论。要描述树木的生长方式，一个好办法是假定树木在长出树叶的时候，尽可能地扩大了接受阳光照射的面积。但是，即使是最喜欢树木的人也不会一本正经地提出，树木是故意这样做的。

如果把选择理论解释成对何为理性所作的讨论，这一理论也

① 原文为英美谚语，直译为"难办的案件容易败坏法律"，指人们如果徇情，对个别案件特殊处理，就会造成整个法纪的混乱。

将指导我们作出明智的决定。但它不会（比如说）建议你应该去赌博或者你应该买保险，因为单个选择无所谓合理不合理。（但选择理论可能指出，你同时选择这两项是不明智的。）同样，它也不可能建议瑞顿去选择，或不选择，生活。事实上，瑞顿最后还是选择了生活，尽管没有显露任何热情：

> 我在前进，笔直走，选择生活。我已经在期盼生活了。我将像你们一样：工作、家庭、大彩电、洗衣机、汽车、CD和电动开罐器、健康、低胆固醇、牙科保险、抵押贷款、第一套住房、休闲服、行李、三件套的组合家具……一天天过下去，向前看，直到死的那天。

小　结

选择就是从一份候选菜单中挑选出一个或多个选项。可以在四种情形下进行讨论：（1）确定性的情况，所有选项都是限定的；（2）不确定性的情况，选项涉及偶然性，带有或不带有给定的概率；（3）和策略相关的情况，两个人各自的选择互相依赖；（4）集体选择的情况，一群人必须集体作出选择。不确定性的情况涉及人们对风险的态度，这种态度与策略情况下的选择也有关联。

第二章

理由与理性

用于选择的最简单框架是候选菜单由确定选项组成的那些情形，例如鳄梨和100美元，你必须从中至少选择一项：允许有持平情况。试着回想一下，两个选项持平，即你同等选择这两个选项，相当于说你对两者同等满意。

理性选择

考虑下面这个明显奇怪的选择：

开胃菜的例子

菜单由芦笋、甜菜根和菊苣组成：你从中选了芦笋。侍者可能是没听清，告诉你说菊苣没有了，于是你选择了甜菜根。你的选择如下图所示。按惯例，用字母ABC表示各个选项：

ABC　A

AB　 B

在本例中，你的选择有问题（问题实质上和第一章中三明治的例子是一样的)：你从完整菜单中选择了A，但在A和B之间，你却没有选A。这种做法似乎不对。为了避免类似问题，我们可以规定，如果你从完整菜单中选择了某个选项，在菜单范围缩小后，如果该选项还列在其中，那么你必须要选择该选项。这一要求称为**缩约条件**，又被称为“森的首要属性”，得名于诺贝尔经济学奖得主、哲学家阿马蒂亚·森(生于1933年)。可以用类似的赛马例子来说明。如果一匹小母马赢了一场同时有小公马和小母马参加的比赛，那么当比赛仅允许小母马参加时，它应该也能赢得比赛。

缩约条件有着明显的所指。假定在你最初的选择中有几个持平选项，随后你从只含有这些持平选项的小范围菜单中再次进行选择。显而易见，缩约条件告诉我们，你的选择不会改变。这也支持了我们允许持平情况出现的做法：如果两个选项持平，就没有理由选择其中一项而不选另外一项。

下一个例子里，另一种问题出现了。

汤的例子

菜单看似由豆汤和胡萝卜汤组成：你从中选择了胡萝卜汤。侍者告诉你，你错把洋蓟当做豆子，所以菜单实际上应该由洋蓟汤和胡萝卜汤组成，你同等选择了两者，也就是说两者持平。侍者又回来告诉你，除了这两种汤，豆汤其实也有，此时你选择洋蓟汤。你的选择如下图所示：

ABC A

BC C

AC AC

在本例中，你的选择所出现的问题是：你在B和C之间选择C，同时也在A和C之间选择C（尽管不是只选C），但你没有从完整的菜单中选择C。这一次，你的选择看来仍然不对。如果菜单只包含两个选项，你从中选择了第一项（尽管不一定是唯一选项），那么我会说你在一次**成对**选择中选了该选项。为了避免类似汤的例子中遇到的问题，我们要求如果在所有包含某个选项的成对选择中，你都选择了该选项，那么你从完整的菜单中也应该选择这个选项（尽管不一定是唯一的）。这一要求被称为**扩展条件**，又被称为“孔多塞条件”，得名于法国数学家、启蒙运动的重要人物马里耶·让·安托万·尼古拉斯·卡利塔特·德·孔多塞侯爵（1743—1794）。以赛马为例，如果一匹小母马在一对一赛跑中击败其他任何一匹母马，那么它应该在一场由它和所有被击败的母马参加的比赛中胜出。

我们应该确保这两个条件是一致的，即它们可以同时被满足；另外，这两个条件是独立的，即没有任何一个条件隐含另一个。最简单的方法就是举出几个例子，例一两个条件都满足，例二满足条件一，例三满足条件二。要证明某个例子不满足某个条件，我们只要找到一种不满足的情况即可。但是，要证明它满足某个条件，我们就必须证明它在所有情况下都满足，也就是说，所有可能的菜单中的选择都满足该条件。

下面是一个同时满足两个条件的例子（即便如此，正如我们将看到的，其中所作的选择仍需进一步补充条件）。

鱼的例子

菜单由凤尾鱼、鲈鱼和鳕鱼组成：你从中选择了凤尾鱼。但如果菜单缩减到只含凤尾鱼和鲈鱼，你同等选择两者；如果菜单减到只含鲈鱼和鳕鱼，你选择鳕鱼；如果只含凤尾鱼和鳕鱼，你选择凤尾鱼。如下图所示：

ABC　A

AB　AB

BC　C

AC　A

注意，本例列举了你从所有可能的菜单（除了那些无足轻重的）中所作的选择。不管是从完整菜单，还是从任何含有A的削减菜单中，你都选择A，因此本例满足缩约条件。同时，A是你在进行由A和其他选项构成的成对选择中所挑选的唯一一个选项，因此本例也满足扩展条件。

我们可以用汤的例子来说明满足缩约条件但不满足扩展条件的情况，只要我们在原来的例子上再加上一条规定：在A和B之间，你选择A。你的选择变成：

ABC　A

AB　A

BC　C

AC　AC

现在，你从完整菜单中，同时也从所有含有A的削减菜单中，都选择了A，因此本例满足缩约条件。但是，本例的关键在于没有满足扩展条件：在成对选择时，你选择了C（尽管不是唯一的），但你却没有从完整菜单中选择C。

同样，我们可以用开胃菜的例子来说明满足扩展条件，但不满足缩约条件的情况。只要我们在原来的例子中再加上一条规定：在B和C之间，你选择C；且在A和C之间，你选择A。你的选择变成：

ABC　A

AB　B

BC　C

AC　A

现在，你在成对选择时没有选出任何一项，因此可以默认扩展条件满足。（回忆一下，扩展条件要求，如果你在成对选择时选出某个选项，那么你也要从完整菜单中选择该选项：如果在成对选择时没有选出任何选项，那么这一条件自动满足。）但是，本例的关键在于没有满足缩约条件：你从完整菜单中选择了A，但是在A和B之间却没有选择A。

开胃菜、汤和鱼的例子显示，缩约条件和扩展条件是一致且相互独立的。这些条件至少排除了我到目前为止所指出的种种问题，因此我要说，一个**合理的**选择过程就是能满足这些条件的过程。（注意，我在这里用了“合理的”这个词，而不是“理性的”。随后你就会明白为什么我要区分这两个词。）

为了概括合理选择的特点，我们需要用到**偏好关系**的概念。对于菜单上的任何两个选项，偏好关系能够说明，究竟是第一个至少和第二个一样好，还是第二个至少和第一个一样好。它允许两者同时成立：在此情形下，这两个选项被称为“无差异”。如果第一个选项至少和第二个一样好，并且两者并非无差异，那么第一个选项就要比第二个好。这种“至少一样好”的关系适用于菜单选项。在人与人之间作比较的时候，也有类似的“至少一样高”关系：我至少和你一样高；或者你至少和我一样高；或者两者都成立，即我们俩身高相同。

如果根据某种“至少一样好”关系，你从菜单中选择的选项恰好就是那些至少和菜单上剩余选项一样好的选项，那么你的选择就可以**由偏好关系来解释**。这意味着两点：（1）如果某个选项至少和其他选项一样好，你选择该选项；（2）如果有其他选项好于该选项，你就不会选择该选项。如果你的选择可以由某种偏好关系来解释，那么这种关系就很容易说明：它规定当且仅当你从一对选项中选择某个选项时（尽管不一定是唯一的），它和另一个选项至少一样好。注意，这意味着如果你从一对选项中只选择一个，那么它比另一个好。

回到鱼的例子，你的选择如下：

ABC　A

AB　AB

BC　C

AC　A

对三组成对选择进行比较显然可以发现，如果你的偏好关系是：

A和B无差异

C比B好

A比C好

并且你总是选择最好的可选项，那么你就会照本例那样选择。也就是说，你的选择可以由偏好关系来解释。

看起来似乎所有选择（无论多么奇怪）都可以由某种偏好关系来解释。但事实并非如此。回到开胃菜的例子，你的选择是：

ABC　A

AB　B

如果这些选择可以由偏好关系来解释，那么A至少得和B一样好，因为你从完整菜单中选择了A；而B得比A好，因为你从A和B之中选择了B。这两个结论不可能同时为真，因此没有任何偏好关系可以解释你的选择。

同样的结论也适用于汤的例子，在其中你的选择是：

ABC　A

BC　C

AC　AC

这里，A或B其中之一必然要比C好，因为你没有从完整菜单中选择C。但是A不可能比C好，因为你在A和C之间选了C，尽管不是唯一的。同样，B也不可能比C好，因为在B和C之间，你选了C。因此，在本例中同样没有任何偏好关系能够解释你的选择。

开胃菜和汤的例子说明：（1）如果缩约条件和扩展条件有其中之一（或者两个都）不能满足，也就是说，如果选择不是合理的，选择就无法由偏好关系来解释；（2）如果两个条件同时成立，也就是说，如果选择是合理的，选择就可以由偏好关系来解释。情况就是如此：当且仅当选择可以由偏好关系来解释时，它是合理的。

这意味着，如果选择是合理的，选择和偏好关系实质上是一样的：我们总是可以从偏好关系中推断出选择；也可以从选择中推断出偏好关系。

理性选择

合理性是个很好的起点，但是正如我在介绍鱼的例子时说的，光有合理性还不够。在鱼的例子中，你的选择如下：

ABC　A

AB　AB

BC　C

AC　A

这里的问题是，在一种情形下你在有A时选择了B，而在另一种情形下你在有B时选择了A，并且没有同时选择B。我们可以这样来描述：第一种情形下，B显示出至少和A一样好，而在第二种情形下，A显示出比B好。为了避免类似问题，我们要求如果有第二个选项时你选择了第一个选项，那么任何时候当你选择了第二个选项而第一个选项同时存在时，你也应该选择第一个。这一要求被称为**显性条件**，又被称为“萨缪尔森的显示偏好条件”，得名于另一位诺贝尔经济学奖得主保罗·萨缪尔森（生于1915年）。类似的赛马例子如下：如果一匹小母马在有第二匹小母马参加的比赛中获胜，无论是独占鳌头或是并列第一，那么第二匹小母马在有第一匹小母马参加的任何比赛里都不可能单独获胜。

显而易见，显性条件同时涵盖了缩约条件和扩展条件。但是比如在鱼的例子中，正如我们所看到的，显性条件不成立，而缩约条件和扩展条件却成立。因此，显性条件强于缩约和扩展条件的总和。也就是说，任何满足显性条件的选择必然满足缩约条件和扩展条件，但满足这两个条件的选择却不一定满足显性条件。

显性条件有些苛刻：鱼的例子中的选择不满足显性条件。但也不是非常苛刻，正如下例所显示的，显性条件可以得到满足。

肉的例子

菜单由鳄鱼肉、牛肉、鸡肉和鸭肉组成。如果有鳄鱼肉，你就选它；如果没有鳄鱼肉但有牛肉，你就选牛肉；如果两者都没有，你就同时选鸡肉和鸭肉。如下图所示：

ABCD	A	AC	A
ABC	A	AD	A
ABD	A	BC	B
ACD	A	BD	B
BCD	B	CD	CD
AB	A		

显而易见，在本例中你的选择满足显性条件。这意味着它们同时也满足缩约条件和扩展条件，因此是合理的。相应地，它们可以由偏好关系来表示：

A好于B　　　B好于C

A好于C　　　　　B好于D

A好于D　　　　　C和D无差异

由于显性条件至少排除了我前面所提到的那些影响合理决定的问题，我要说，**理性选择**的过程就是能满足显性条件的过程。

要概括理性选择的特点，我们要用到**偏好序列**的概念。偏好序列是一种特殊的偏好关系，又被称为**传递性**。对于某种"至少一样好"的关系，如果在X至少和Y一样好，且Y至少和Z一样好的情况下，可以得出X至少和Z一样好的结论，那么这种关系就具有传递性。例如，人与人之间"至少一样高"的关系就具有传递性：如果我至少和你一样高，而你至少和蒙莫朗西一样高，那么我至少和蒙莫朗西一样高。在肉的例子中所隐含的偏好关系具有传递性，因此是一种偏好序列。尽管传递性看似是偏好关系的自然属性，但实际上并非所有的偏好关系都具有传递性。例如在鱼的例子中，偏好关系如下：

A和B无差异

C好于B

A好于C

上述关系不具有传递性：假设它具有传递性，那么前两个陈述意味着C至少和A一样好，这个结论与最后一条陈述相矛盾。

之所以用偏好序列这个名称是因为它允许对选项进行排序

（尽管其中可能出现并列）。这意味着我们可以将所有选项排列成表，最好的选项在顶部，最差的在底部。回到肉的例子中所隐含的偏好序列。依惯例用字母来代替选项，列表如下：

A

B

CD

如果没有传递性，我们不可能将选项排成列表形式。比如在鱼的例子中所隐含的偏好关系，如果我们把A放到列表顶部，那么我们必须把B也放到顶部，因为A和B无差异；但我们不能把B放到顶部，因为C好于B；且我们也不能把C放到顶部，因为A好于C。因此我们无法将任何一个选项置顶，从而无法排成列表。

如果你的选择可以由具备传递性的偏好关系来解释，那么它就可以**由偏好序列来解释**。（回想一下，偏好序列其实就是具有传递性的偏好关系。）如我们所见，在鱼的例子中隐含在选择背后的偏好关系（它不满足显性条件）不具备传递性，从而这些选择无法由偏好序列来解释。另一方面，在肉的例子中所作的选择（满足显性条件）则可以由偏好序列来解释。

肉和鱼的例子说明：（1）如果显性条件不满足（即选择是非理性的），选择就无法由偏好序列来解释；（2）如果显性条件满足（即选择是理性的），选择就可以由偏好序列来解释。情况就是如

图4 《思想者》：选择是深思熟虑的欲望（奥古斯特·罗丹，1904）

此：当且仅当选择可以由偏好序列来解释时，它是理性的。

这意味着，如果选择是理性的，选择和偏好序列实质上是一样的。确实，我们可以把选择之中所隐含的偏好序列看做作出该选择的理由：在理由和理性之间存在紧密联系："选择是深思熟虑的欲望。"

效　用

正如理性选择可以由偏好序列表示，偏好序列也同样可以由效用来表示。要用效用来表示像"至少一样好"这样的序列，就是要为每个选项指派相应的数字，更好的选项分配到更大的数字。更确切地说，当且仅当第一个选项比第二个更好时，它具有更高的**效用**。对于肉的例子中所隐含的偏好序列，即

A好于B　　B好于C

A好于C　　B好于D

A好于D　　C和D无差异

我们可以指派效用如下：

A　3

B　2

C　1

D　1

这样的指派很有帮助。它说明我们总是可以通过列表来为某个偏好序列指派效用，把数字1分配给最底部的单个或多个选

项，数字2给倒数第二个选项，依此类推直到列表顶部。确实，情况显然就是如此：我们总是可以通过效用来表示偏好序列。这一论述也清楚地表明：我们无法用效用来表示一个无法由偏好序列来表示的偏好关系（即非传递性），因为在这种情况下我们无法完成列表。

有许多种其他方式来指派效用。在本例中，另一种可行的效用指派方式是：

A	100
B	99
C	10
D	10

在这些方式中，没有任何一种好于其他的。它们都意味着，并且仅仅意味着一件事：A好于其他选项；B好于C和D；C和D无差异。因此，本例中所用到的效用在此意义上被称为**序数效用**：它所做的一切就是为选项排序。序数效用可以通过任何增加数值的方式进行转换而不影响其代表性属性，例如（假设效用都是正的），通过求二次幂或者取平方根。

如果对于某些效用指派方式来说，你所选择的选项恰好是那些至少和其他任何一个选项有同样多效用的选项，那么你的选择就是**效用最大化**的。在这种情况下，选择使效用达到最大。显然，只有当选择可以由偏好序列表示时，这种情况才成立。因为如果不存在偏好序列，也就没有效用指派；而如果选择由偏好序列表示，那么它们必须做到效用最大化。换句话说，当且仅当选择可以由偏好序列来解释时，它取得效用最大化。那么既然当且仅当选择可以由偏好序列来解释时它是理性的，我们可以说，当且仅当选择是效用最大化时，它是理性的。

从形式上看，作出理性选择可以等同于效用最大化。但是关键是如何来解释这种等同关系。你在X和Y之间只选择X，说明你喜欢X胜过Y，并且如果你喜欢X胜过Y，你指派给X的效用就多于给Y的效用。效用源自选择，而不是选择源自效用。你不是因为骑马比滑雪带给你更多效用才选择去骑马。正相反，因为你选择了骑马，所以你指派给骑马更多的效用。

合理性、理性和本章中提出的各种条件之间的联系如图5所示。

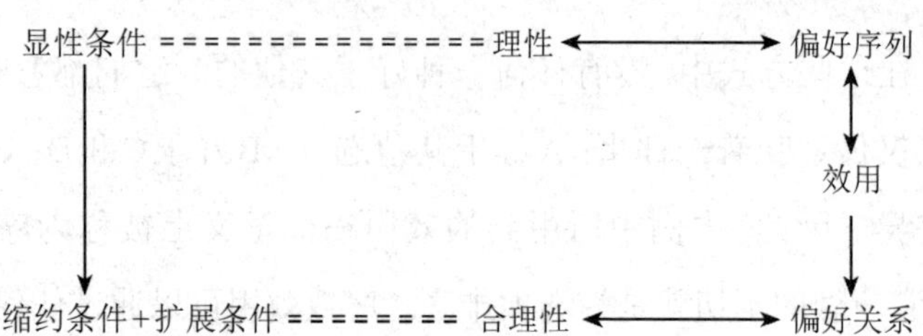

图5　确定条件下的选择示意图：等号代表定义，双箭头代表相等，单箭头代表隐含

一些扩展

如果时间成为相关因素，情况也几乎没有改变。许多选择涉及时间，但时间并没有起到重要作用。试考虑这样一个例子：今

天来选今天和明天分别吃什么。尽管这个选择涉及时间，但它可以立刻被纳入一个静态的框架。唯一的区别在于，你不再是从X和Y两个选项，而是从四个选项中进行选择：

今天选X且明天选X

今天选X且明天选Y

今天选Y且明天选X

今天选Y且明天选Y

但是，并非所有选择都适合这种模式。某个人（如果不是瑞顿这样的瘾君子）会远离海洛因，因为知道如果今天吸食了海洛因，明天他就会变成毒品的奴隶。更普遍的情况是，今天你会选择“今天选X且明天选Y”，但你知道如果今天得到X，你的偏好会发生变化，以至于明天也希望得到X。本质上，这就是荷马（约公元前700年）笔下的英雄尤利西斯所面临的问题。他让手下把自己绑在船的桅杆上，以免他在听到海妖具有魔力的甜美歌声后想要不惜生命去追随那充满诱惑力的声音。本例中所讨论的静态理论无法处理这类问题。

即使在一个静态框架里，也不是所有问题都能直接解答。试考虑一个明显的悖论，通常称之为框架悖论。你在一家店里，已经决定要买一台标价20美元的电话和一台1 000美元的电脑。首先，你得知在相距五分钟步行路程的另外一家分店里，电话要比这家店便宜10美元：你是现在买，还是去另外一家分店？其次，你得知电脑（而不是电话）在另外一家分店要便宜10美元：你是现在买，还是去另外一家分店？暂停一下，好好想想。

显然你在这两种情况下会作出相同选择，因为本质上两个问题是一样的，区别只在于问题的框架：在这两种情况下，你都可以通过去另外一家分店购买商品而节省10美元。但在一次实验中，被问到这个问题的人们绝大多数愿意在电话而不是电脑便宜10美元的情况下去另外一家店。在第一章里我已经注意到类似的悖论可能产生的种种反应。对这个例子，你也应该有自己的回答。

效用可以通过任何增加其数值的方式转换而不会影响其代表属性，这一事实隐含着一个重要推论：对效用的变化量进行比较毫无意义。试考虑这样的说法：1 000美元与2 000美元之间的效用差别大于8 000美元和9 000美元之间的效用差别。这等于说，在1 000美元基础上增加1 000美元，比在8 000美元基础上增加1 000美元带来更高效用；或者说，当你贫穷的时候，得到1 000美元所带给你的**边际效用**大于你富裕的时候。类似这样的说法无所谓对或错：它们毫无意义。

假定人们喜欢更多财富，而不是更少，那么分配效用的方法之一就是给一定数额的金钱（以1 000美元为单位）指派相同数目的效用。第二种方法是指派与金钱数额的平方根相等的效用。第三种方法是指派与金钱数额的平方数相等的效用。当然，这三种方法都同样好。

如果以等于金钱数额平方根的方式来指派效用，那么关于

1 000美元和2 000美元的效用差额大于8 000美元和9 000美元的效用差额的说法貌似正确，因为两种情况下的边际效用分别约等于0.4和0.2。而如果效用以等于金钱数额平方数的方式来指派，那么这种说法貌似错误，因为两种情况下的边际效用分别约等于17和3。但是这两种指派效用的方式本身一样好：上述两次计算没有任何意义。

类似于上例中的错误想法是因为混淆了正确的表述“人们为更多财富指派更高效用，因为人们偏好更多财富”和无意义的表述“人们偏好更多财富，因为它具有更高效用”。这样的错误想法所带来的结果之一就是要求财富再分配，比如通过征收累进税的办法。所谓的财富再分配是基于这样的想法，即一个穷人接受1 000美元所得到的效用大于一个富人支付1 000美元所失去的效用。同样，这一想法毫无意义。此外，试图在没有依据的情况下对不同人的效用进行比较，这种做法更加剧了混淆的程度。我们没有理由反对采用平方根的方式来为每个人指派效用。但如果我们这样做，那么你的效用水平是我的两倍这一事实仅仅说明了我们已经知道的情况：你的财富是我的四倍，仅此而已。效用并不是幸福或福利的衡量尺度：它只是偏好的数字化表示。

小　结

确定性条件下的选择涉及从给定的候选菜单中选择一个或多个限定选项。

缩约条件要求：如果你从候选菜单中选择了某个选项，并且在范围缩小后的菜单内依然含有该选项，那么你应该从小范围菜单中选择该选项。

扩展条件要求：如果你在某个选项与候选菜单的任何一个其他选项之间进行成对选择时都选了该选项，那么你应该从完整菜单中选择该选项，尽管不一定是唯一的。

如果存在某种“至少一样好”关系，使得你所选的选项恰好就是那些至少和菜单上剩余的任何选项一样好的选项，那么你的选择可以由偏好关系来解释。

当且仅当选择可以由偏好关系解释时，该选择是合理的，即它同时满足缩约条件和扩展条件。

显性条件要求：如果你在存在第二个选项的情况下选择第一个选项，那么任何时候你选择第二个选项，如果第一个选项也存在，你应该同时选择该选项。

如果选择可以由具备传递性的偏好关系解释，那么该选择可以由偏好序列解释。

当且仅当选择可以由偏好序列解释时，该选择是理性的，即满足显性条件。

用效用来表示一个“至少一样好”序列，就是为每个选项指派一个数字，使得当且仅当第一个选项比第二个更好时，它具有更高效用。如果存在某种效用指派方式，使得你所选择的选项恰好就是那些至少和其他选项具有一样高效用的选项，那么你的选择是效用最大化的。

当且仅当选择是效用最大化时，该选择是理性的。

第三章

赛马与轮盘赌

现在我来分析候选菜单由偶然性选项组成的情况，比如“如果红色出现，就得到100美元”或者“如果飞马赢得德比马赛，就得到鳄梨”。第一种情况的典型例子是轮盘赌，概率是给定的。第二种情况的典型例子是赛马，概率必须由推断获得。

情 形

一项结果的**概率**是一个在0至1范围内的数字，表明该结果出现的可能性：概率越高，结果出现的可能性越大。极端情况下，概率为0意味着不可能，而概率为1则意味着确定。概率具有三项特性：（1）所有可能结果的概率相加等于1。因此，在轮盘赌中，如果一个有36道分槽的轮盘每道分槽出现的概率均等，则任意给定数字出现的概率为1/36。（2）如果两个结果不能同时出现，则两个结果中出现任意一个的概率等于两者各自出现概率之和。因此，7或12两个数中出现任意一个的概率为2/36。不断使用这一特性可以推断出，出现任意一个偶数的概率为18/36，即0.5。（3）两个互相独立的结果连续出现的概率是两者各自出现概率的乘积。因此，连续出现两个偶数的概率为0.5×0.5，即0.25。

处于不确定状态的候选项称为赌局。一项**概率赌局**指一系列可能得到的回报，其中每个回报都有各自的出现概率。显然，这些概率之和必须等于1。比如“以概率0.5得到100美元，以概率0.5一无所获”，或者用另外一种表述“以概率0.5得到100美元，其余情况则一无所获”。再举个例子：“以概率0.5一无所获，以概率0.25得到熏肉，其余情况则得到奶酪。”我们可以将这两个赌局（分别用X和Y表示）写成“100美元wp 0.5，一无所获wp 0.5”和“一无所获wp 0.5，熏肉wp 0.25，其余奶酪”，其中wp代表“出现概率为”。

你可以想象赌局的结果是由某个躲在幕后转动轮盘的人来决定的。如果你选择赌局X，可以设想为：出现偶数你得到100美元，出现奇数则一无所获。如果你选择了赌局Y，可以设想为：如果数字1至18中任意一个出现，你得到鳄梨[①]，如果数字19至27中任意一个出现，你得到熏肉，如果数字28至36中任意一个出现，你得到奶酪。

“得到鳄梨的概率为1”很显然也是个赌局，可能把这个赌局直接称为“鳄梨”更自然些。这种赌局被称为**简化赌局**。同样，一个赌局中的回报也可以是其他赌局。例如在下面的赌局中，它的回报分别为赌局X和赌局Y：

赌局X wp 0.6，赌局Y wp 0.4

① 原文如此。此处似乎与赌局Y的表述不符。0.5的概率应为一无所获，而不是鳄梨。

这个**复合赌局**可以被看做由权重分别为0.6和0.4的两个赌局X和Y所组成的**混合赌局**。在这样的混合赌局中，回报由X和Y的所有回报组成，而与X相关的概率则是赌局X中的初始概率乘以0.6，与Y相关的概率则是赌局Y中的初始概率乘以0.4。因此，在上例中，作为赌局X的回报，获得100美元的概率为0.6×0.5，即0.3。而赌局X和Y都可能出现一无所获的情况，因此其概率为（0.6×0.5）＋（0.4×0.5），即0.5。这个复合赌局，或者说混合赌局，相当于以下简单赌局：

100美元 wp 0.3，一无所获 wp 0.5，熏肉 wp 0.1，奶酪 wp 0.1

如下图所示：

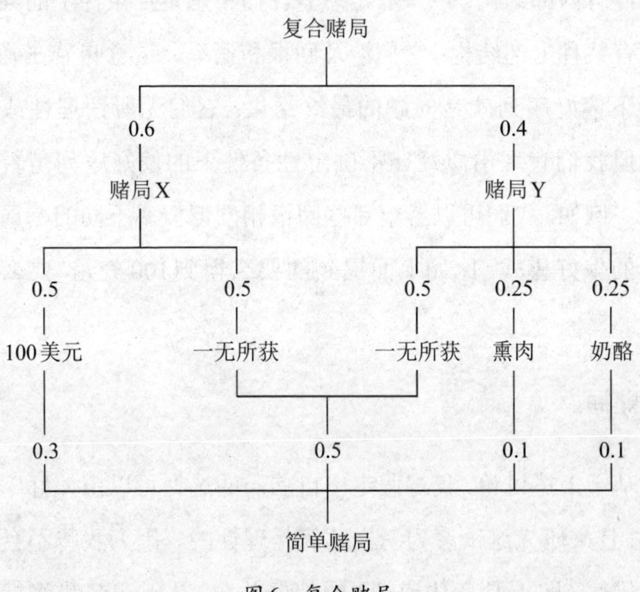

图6　复合赌局

在预先设定这些条件之后，我们可以转向赌局中的选择。我们可以直接利用第二章的讨论：只需把菜单选项的名称从芦笋换成“以概率0.5得到100美元，其余情况则一无所获”，这样的转换不会改变第二章的任何结论。尽管如此，还存在其他影响因素。例如，如果你偏好100美元胜过一无所有，那么很自然，你偏好赌局“以概率0.9得到100美元，其余情况则一无所获”胜过“以概率0.1得到100美元，其余情况则一无所获”。但是，在第二章中所研究的理性的概念无法说明这一点：在理性的概念范围内，要求你对这两个赌局有所偏好，相当于仅仅因为你偏好鳄鱼肉胜过牛肉就要求你偏好鸡肉胜过鸭肉。

之所以可能有更多的影响因素，是因为在确定性条件下菜单选项没有内部结构：芦笋只是芦笋。而不确定性条件下的菜单选项则有某种内部结构：它们涉及回报和概率。这意味着在确定性条件下偏好序列就是问题的最终结果：它们无所谓理性或非理性。但我们有理由质疑在不确定性条件下的偏好序列是否是理性的。例如，我们可以考察那些回报相同但概率不同的赌局中所体现的偏好模式，比如上面提到的要么得到100美元，要么一无所获。

概率赌局

基于上述讨论，我将假定出自赌局的选择可以由偏好序列解释，并且来研究这一序列怎样才算是理性的。因为我将不会涉及无法排序（即不具备传递性）的偏好关系，从现在起我将把偏好序列简称为**偏好**。

试考虑下面这个有问题的例子。

蔬菜的例子

你喜欢茄子胜过花椰菜，但是你知道餐厅服务不太可靠，无论你点什么，都有0.1的概率得到菜花，于是你点了花椰菜：也就是说，你喜欢赌局“以概率0.9得到花椰菜，其他情况则得到菜花”胜过赌局“以概率0.9得到茄子，其他情况则得到菜花”。

本例中你的选择有问题：在第二种情况中结果C对于每个赌局来说都是一样的，但你却让它影响了你的决定。如果在比较两个赌局的时候，你忽略它们相同的方面而专注于不同点，这似乎显得更加自然。当然，你可能喜欢赌局“以0.9的概率得到B，以0.1的概率得到C”胜过赌局“以0.9的概率得到A，以0.1的概率得到C”，尽管你喜欢单选A胜过单选B（也许是因为C和B搭配比和A搭配要好）。但是，这两个选项都没有。你要么得到你点的，要么得到C。如果你得到你点的蔬菜，那么C无关紧要；如果你得到C，那么你点了什么蔬菜就无关紧要。为了确保这样的无关情况不影响整个分析，我们可以要求：如果你喜欢第一个赌局胜过第二个，那么对于把这两个赌局分别和第三个赌局按同样权重进行组合得到的两个混合赌局，你喜欢第一个混合赌局胜过第二个。这一要求被称为**替换条件**。

替换条件有个直接推论：如果你喜欢100美元胜过一无所有，那么你就会喜欢赌局“以概率0.9获得100美元，其余则一无所有”胜过“以概率0.1获得100美元，其余情况则一无所有”。更一般地，如果你喜欢一个赌局胜过另一个，那么当且仅当你更喜欢的那个赌局在第一个混合赌局中的比重大于它在第二个混合赌局中的比重时，你选择第一个混合赌局。

下面的例子里出现另一类问题。

水果的例子

你喜欢苹果胜过香蕉，喜欢香蕉胜过樱桃（既然你是理性的，当然喜欢苹果胜过樱桃）。但是，你喜欢香蕉胜过每个或得到苹果、或得到讨厌的樱桃的赌局，不管得到后者的概率有多低。

在本例中你的选择有问题：你的偏好出现跳跃。试考虑你对B和赌局X（以概率p得到A，其余情况得到C）的偏好。如果p小于1，不管它多接近1，你选择B；但当p等于1，也就是说当赌局X变成A，你选择X。因此在某一点上你从偏好某一项变成偏好另一项，却没有经过中间无差异的过渡阶段。如下表所示：

p	0.9	0.99	0.999	……	1.0
选择	B	B	B	……	X

如果你的选择平稳变化而不是像这样突然跳跃，可能更容易接受。要明白在实践中这究竟意味着什么，让我们重新解释这三个选项，设A为一百万美元，B为一无所有，C为你的死亡。可以认为存在足够高的概率p，使得你愿意接受这样的赌局：以概率p

获得一百万，否则就失去性命。如果这显得不太可能，那就问问你自己是否愿意穿过一条交通繁忙的街道，冒着极其微小的丧命概率，来挣得一百万。典型的答案是愿意。为了避免偏好的跳跃变化，我们要求：如果你喜欢第一个赌局胜过第二个，喜欢第二个胜过第三个，那么必然存在第一个和第三个赌局的某种混合，使得你认为它和第二个赌局无差异。这一要求被称为**连续条件**，又被称为**阿基米德条件**，得名于希腊数学家阿基米德（前287—前212）。

（补充说明：我们可能注意到连续条件要求允许概率以连续的方式变化，因为如果概率只以0.1的幅度发生变化，那么很可能出现你喜欢赌局"以概率0.9得到A，其余情况下得到C"胜过选项B，并且喜欢B胜过赌局"以概率0.8得到A，其余情况下得到C"。这一点又反过来要求有无穷多的赌局。）

我们应该再次来检查这两个条件是否一致且独立。为避免重复，我只考虑一致性；独立性可以直接看出来。下面的例子显示了一致性。

坚果的例子

考虑由杏仁、巴西坚果和腰果组成的所有可能赌局，只要在第一个赌局中得到杏仁的概率的两倍加上得到巴西坚果的概率大于在第二个赌局中的相应数字，你就喜欢第一个赌局胜过第二个。

在本例中，只要2p+q大于2r+s，你就喜欢赌局"A wp p，B wp

q，其余概率得到C”胜过赌局“A wp r，B wp s，其余概率得到C”。注意这个条件规定了你对于所有涉及A、B、C的赌局的偏好。很容易证明替换条件和连续条件都成立。

因为替换条件和连续条件是一致且独立的，并且看起来至少排除了我已经指出的问题，我会说如果你的偏好满足这两个条件，那么你对相关赌局具有**理性偏好**。

要概括理性的特点，我们需要用到**期望效用**的概念。回想一下，我们已经假定赌局中的选择可以由偏好序列来解释，也就是说，是效用最大化的（参见第二章的讨论）。那么既然我们可以给所有的赌局指派效用，我们当然可以给简化赌局（即回报）指派效用。假定我们已经这样做了。那么一个赌局的期望效用可以通过以下方式计算：将每个回报的效用乘以该回报出现的概率，再将所有结果相加。例如，你的效用指派方式如下：

X	1
Y	3
Z	2

那么赌局“X wp 0.2，Y wp 0.3，Z wp 0.5”的期望效用就是：（1×0.2）+（3×0.3）+（2×0.5），即2.1。

回想一下，我们有多种方式来指派效用：唯一的要求就是更好的回报具有更高效用。为给后面的讨论作个准备，请注意如果我们把所有效用翻倍，那么我们也把任何赌局的期望效用翻倍。

如果我们把所有效用加上7，那么我们也把任何赌局的期望效用加上7。例如，如果我们把上例中的效用依次进行这两项变换，那么新的期望效用就是11.2，等于原来的期望效用乘以2，再加上7。但是，如果我们用所有效用的平方来代替它们，那么新的期望效用并非原来数字的平方：新的期望效用等于4.9，而原来的效用平方后等于4.41。

如果有某种效用指派方式，使得我们可以基于赌局的期望效用对它们作出判断，那么问题就会变得很方便。也就是说，当且仅当一个赌局相比另一个具有更高效用时，你更喜欢该赌局。这就意味着，你将喜欢上文提到的那个赌局胜过下面这个新的赌局：

X wp 0.5，Y wp 0.3，Z wp 0.2

因为正如我们所说，原来那个赌局的期望效用（2.1），超过了新赌局的期望效用（1.8）。如果效用可以通过这种方式指派，那么由此得到的效用称为**基数效用**，或者又称为“伯努利效用”，得名于数学家丹尼尔·伯努利（1700—1782）。并且我们称偏好具有**期望效用属性**。

如果我们可以指派基数效用，那么我们有多种指派方式。假设我们已经采用某种方式指派了基数效用，那么当且仅当赌局X在该效用指派方式下具有更高的期望效用时，赌局X比赌局Y要好。现在我们换种方式来指派效用，指派给每个回报的新的效用数值等于原来的效用乘以2再加7。正如我们已经看到的，这意味着任何一个赌局的新期望效用等于原来的数值乘以2再加7。此时，当且仅当X原来具有更高的期望效用时（也就是当且仅当X好于Y时），X具有更高的新期望效用。因此，当基数效用翻倍并加7时，它们的代表属性保持不变。更一般地，当基数效用以**线性**方式变换时（也就是说，当它们乘以或除以任何正数，或者加上或减去任何数字），它们的代表属性保持不变。一个常见的线性变换的例子是测量温度的两种方式之间的变换：华氏温度等于摄氏温度乘以1.8再加上32。

然而，基数效用在进行非线性变换时，其代表属性将发生变化。因为对效用进行其他变化无法保证期望效用以同样方式变化。比如，如果效用指派如下：

X	5
Y	3
Z	0

那么你喜欢Y（也就是说，简化赌局让你以概率1得到Y）胜过另一个赌局（以概率0.5得到X，其余则得到Z）：两个赌局的期望效用分别为3和2.5。但如果这些效用被它们各自的平方数代替，那么新的期望效用分别为9和12.5。这两个数字说明你喜欢后一个赌局胜过Y，但这是错误的。

假设我们以下列方式指派基数效用：回报X得到效用v，而更好的回报Y则得到效用u；显然u一定大于v。如果我们从这两个效用中都减去v，再除以u−v（这应该是个正数），那么我们得到如下基数效用：Y的效用为1，而X的效用为0。这意味着如果我们可以指派基数效用，那么我们可以这样来进行：为某个回报指派效用0，为其他更好的回报指派效用1。

在坚果的例子里，期望效用属性成立。对任意两个赌局，只要在第一个赌局中得到A的概率乘以2再加上得到B的概率大于第二个赌局中的相应数字，你就喜欢第一个赌局胜过第二个。如果我们指派效用如下：

A	2
B	1
C	0

那么赌局"A wp p，B wp q，其余得到C"的期望效用为2p+q，而赌局"A wp r，B wp s，其余得到C"的期望效用为2r+s。那么，因为当且仅当2p+q大于2r+s时，你喜欢第一个赌局胜过第二个，所以当且仅当第一个赌局有更高的期望效用时，你喜欢第一个赌局胜过第二个。换句话说，你的偏好具有期望效用属性。

为了证明期望效用属性并非无关紧要，让我们回到蔬菜的例子。在这个例子中，你喜欢A胜过B，但是喜欢赌局X"以概率0.9得到B，其余情况则得到C"胜过赌局Y"以概率0.9得到A，其余情况得到C"。既然你喜欢A胜过B，我们可以指派A的效用为1，

B的效用为0。把指派给C的效用记做u。那么X的期望效用为0.1u，而Y的期望效用为0.9+0.1u。因为你喜欢X胜过Y，所以期望效用属性将要求0.1u大于0.9+0.1u，这是不可能的。

在水果的例子里出现同样情况。你喜欢A胜过B，喜欢B胜过C，但是你喜欢B胜过任何可能给你A或C的赌局。既然你喜欢A胜过C，我们可以指派A的效用为1，C的效用为0。把B的效用记做u。那么，因为你喜欢B胜过赌局"以概率p得到A，其余情况得到C"，其中p小于1，所以期望效用属性要求固定值u（小于1）大于每个可能的p。同样，这是不可能的。

出现下列情况并非巧合：（1）期望效用属性在坚果的例子中成立，但在蔬菜和水果的例子中都不成立；（2）在蔬菜和水果的例子中，替换条件和连续条件至少有一项不成立，但在坚果的例子中，两个条件均满足。当两个条件均得到满足的时候（也就是说，当偏好是理性的时候），期望效用属性总是成立。于是我们可以得到一个完整的概述：当且仅当偏好具备期望效用属性时，对于（概率性）赌局的偏好是理性的。

一些扩展

如果把时间纳入考虑，情况就将发生变化。来考虑两个赌局：每一个赌局都会在一年后（从今天开始计算）给你一百万美元，条件是轮盘赌的结果是偶数，否则你就一无所获。但这两个赌局并非完全一致：在第一个赌局里，轮盘是在今天转动的，而在第二个赌局里，轮盘是在一年后转动的。不仅这两个赌局不一样，而且你也不会以同样的方式来加以考虑。典型情况下，你会偏好第一个赌局，因为对未来财富的了解可以帮助你在接下去的一年里更好地规划人生。如果知道自己将要发财，那么你可以动用储蓄，或者预先借钱，一年后从一百万里补上。但是，我们在此所讨论的静态理论无法区分这两个赌局，因此也无法在时间以这样的方式产生影响时，来指导选择。

即使在一个静态的框架里，也不是所有问题都能直接解答。试考虑一个明显的悖论，被称为“阿莱悖论”，得名于诺贝尔经济学奖获得者莫里斯·阿莱（生于1911年）。首先，你会喜欢简化赌局U“以概率1得到240美元”胜过赌局V“以概率0.33得到250美元，以概率0.66得到240美元，另有概率0.01一无所获”吗？其次，你会喜欢赌局X“以概率0.33得到250美元，以概率0.67一无所获”胜过赌局Y“以概率0.34获得240美元，以概率0.66一无所获”吗？

停下来想一想。如果你喜欢赌局U胜过V，那么你也应该喜欢Y胜过X。要弄明白为什么会这样，让我们把得到250美元的效用指派为1，把一无所获的效用指派为0，把指派给240美元的效用记作u。那么，如果你喜欢U胜过V，U的期望效用（即u）必须大于V的期望效用（0.33+0.66u）。这意味着0.34u必须大于0.33。既然0.34u是Y的期望效用，而0.33是X的期望效用，这也就意味着你的偏好具备期望效用属性，你喜欢Y胜过X。

但是，在一次试验中，相当多的人声称他们喜欢U胜过V，并且喜欢X胜过Y。这意味着这些人的偏好并不具备期望效用属性，或者说，不满足替换条件或者连续条件中的某一项（事实上是前者）。原因似乎在于人们对小概率的结果过分关注。（一定程度上这或许解释了为什么人们购买国家彩票。这些彩票提供巨额奖金，但赢取的概率极其微小。）对此你要自己作出决定，记住我在第一章里提过的对于悖论可能产生的种种反应。

基数效用在进行线性变换时保持其代表属性，但在非线性变换时却并非如此。这一事实暗示，效用的差异现在具有某种意义。如果当采用某种效用指派方式时，一对回报之间的效用差异大于另外一对之间的效用差异，那么在采用任何一种效用指派方式时，前一对效用差异总是大于后一对。由此看来，基数效用似乎可以为赞成财富再分配的观点提供支持。处理这个问题需要一个新的框架，其中所有的回报都是一定数额的金钱。相应地，我将把这部分的讨论留到下一章来进行。

状态赌局

到目前为止，概率都是已经给定的。要讨论概率未定的赌局，我们要用到“世界状态”的概念，或者简称为“状态”。**状态**是对任何与你的选择相关并且你不能确定的因素的详细说明。在阿尔克夫和巴拉西亚两匹马进行比赛的情况下（假定至少有一匹马能完成比赛，并且不出现平局），状态可能是“阿尔克夫获胜”或“巴拉西亚获胜”。正如本例所显示的，状态必须以这样的方式加以说明，即有且仅有一个状态会发生。

状态赌局是一系列可能得到的回报，每个回报有其相应的出

图7　阿尔克夫没有获胜：左二为阿尔克夫，骑在马背上的是本书作者

现状态。在上面的赛马例子中可能出现的情况是："如果阿尔克夫获胜就赢得200美元，如果巴拉西亚获胜就输掉100美元。"我们可以把这个赌局写成："如果A，+200美元；如果B，−100美元。"

如果阿尔克夫的赔率是2∶1（下注1美元可以赢得2美元），我们可以把这个赌局称为"下注100美元赌阿尔克夫获胜"。如果巴拉西亚的赔率是1∶2，那么赌局“下注100美元赌巴拉西亚获胜”就是：“如果A，−100美元；如果B，+50美元。”

状态赌局类似于具有多个回报的概率赌局，两者都包括一系列附带条件的回报：区别在于，在状态赌局中回报附带的是状态，而非概率。状态允许我们在概率没有给定时来考虑赌局的选择。这一点很重要。在几乎所有有趣的问题中，概率都是没有给定的：没人告诉你阿尔克夫获胜的概率，你的车被偷的概率，或者股市崩盘的概率。

当概率没有给定的时候，你怎么才能从多个赌局中作出明智选择？一个可行的建议是：（1）你为状态指派主观概率；（2）然后为回报指派效用；（3）接着在给定这些概率的情况下，选择带给你最高**主观期望效用**的赌局。为了说明这一过程，让我们回到赛马的例子，考虑一下如何在赌局“下注100美元赌阿尔克夫获胜”和赌局“下注100美元赌巴拉西亚获胜”之间进行选择。首先你为状态指派概率：设阿尔克夫获胜的概率为0.4，巴拉西亚获胜的概率为0.6。然后你为回报指派效用。三个可能获得的回报如下：

+200美元（对A下注，且A获胜）

+50美元（对B下注，且B获胜）

−100美元（下注的马输了）

你对这三个回报指派效用如下：

+200美元	5
+50美元	3
−100美元	0

最后，你计算每个赌局在给定概率下的期望效用：如果对阿尔克夫下注，期望效用为2；如果对巴拉西亚下注，期望效用为1.8。因为对阿尔克夫下注所获得的主观期望效用大于对巴拉西亚下注时所获得的主观期望效用，你该对阿尔克夫下注。如果这样做，你对赌局的偏好就具有**主观期望效用属性**。你所指派的效用当然是基数的，且可以进行任何线性变换，但不能进行非线性变换。

下面来介绍一些不同的方法，我将在赛马的情景中进行逆推：我将从假定具备主观期望效用属性开始，然后来看哪些条件支持这一假定。并且，因为论述过程和概率给定的情况很相似，我将不再像当时那样展开详细论述。

基本想法很简单：通过观察选择模式，你能够推测其中的效用和概率。倘若选择赌局"如果出太阳就得到鳄梨，否则就得到奶酪"，而不是赌局"如果出太阳就得到熏肉，否则就得到香肠"，这说明你喜欢鳄梨胜过熏肉，因此给鳄梨指派更高的效用。如果你同时还选择赌局"如果出太阳就得到鳄梨，否则就得到熏肉"，而不是赌局"如果下雨就得到鳄梨，否则就得到熏肉"，这说明你觉得出太阳比下雨更有可能，因此给出太阳的情况指派更高的概率。通过足够多的类似的脑力试验，你能够为所有的回报指派效用，为所有的状态指派概率。这样做了之后，你在行动时就会很自然地把这些概率和效用当做已经给定的信息，你的选择也将以取得最大期望效用为目的。

如果你的偏好具有主观期望效用属性，那么你的品位（由效用所代表）和你的信仰（由概率所代表）都是主观的。同样，你的品位和信仰是独立的：你不会因为某事更有可能发生才更看重它，也不会因为更看重某事才觉得它更可能发生。而且，你指派给某个回报的效用并不取决于你得到它时的状态：不管阿尔克夫胜或败，200美元对你来说都是一样的。最后一个要求很严苛。它可能在赛马的例子中成立，但在其他情形下则不成立。

比如，让我们试着考虑欧元的兑换率（以欧元兑美元的价格来表示）。简单起见，我将假定只有两种可能状态：兑换率上升和兑换率下降。你有两种可能的赌局：买入欧元，卖出欧元。如果买入，且兑换率上升，你获得100美元；但如果兑换率下降，你损失100美元。如果卖出，且兑换率上升，你损失100美元；但如果兑换率下降，你获得100美元。问题之所以复杂，是因为当兑换率上升时获得的100美元不同于兑换率下降时获得的100美元：在第一种情况下你要购买的进口货物的成本大于在第二种情况下的成本。更一般地，你指派给某个回报的效用取决于你得到该回报时的状态。

如果像本例这样，我们觉得主观期望效用属性过于苛求，我们可以降低要求，允许效用取决于状态。例如，你不再是给失去100美元的情况指派效用0，给获得100美元的情况指派效用1，而是可以指派效用如下：

在兑换率下降情况下获得100美元	4
在兑换率上升情况下获得100美元	3
在兑换率下降情况下失去100美元	1
在兑换率上升情况下失去100美元	0

将这些效用乘以相应的概率并将结果相加就得到一个赌局的**取决于状态的主观期望效用**。如果你选择了具有最高的取决于状态的主观期望效用的赌局，那么就可以说你的偏好具有**取决于状态的主观期望效用属性**。

显然，相比（完全的）主观期望效用属性，这是一种较弱的属性。

要看清什么样的条件可以支持（完全的或者取决于状态的）主观期望效用属性，我们必须允许状态赌局的回报本身就是赌局，正如我们允许概率赌局的回报是赌局一样。然后我们可以用类似于解释混合概率赌局的方式来解释混合状态赌局。这样做反过来又允许我们将替换条件和连续条件应用到状态赌局：回想一下，这两个条件都可以只用混合赌局来表示，而不涉及概率。

一旦我们这样做了之后，我们就可以直接来描述取决于状态的主观期望效用属性：当且仅当偏好满足替换条件和连续条件时（当它们应用于状态赌局时），偏好具备这一属性。

然而，替换条件和连续条件并不保证偏好具备完全的主观期望效用属性。这需要一个新的条件：如果你在某种状态下喜欢一个赌局胜过另一个，那么你应该在所有状态下，都保持这一偏好。

这一条件被称为**公正条件**，相比我们已经遇到的其他条件，公正条件更为严格。假设两种状态分别是下雨和出太阳，一个（简约）赌局确定提供一把雨伞，另一个赌局则确定提供一瓶水。那么你可能会违背公正条件，在下雨状态下更喜欢雨伞，而在出太阳状态下更喜欢水。

尽管较为严格，公正条件和其他两个条件一起提供了我们所寻求的描述：当且仅当偏好满足替换条件、连续条件（当它们应用于状态赌局时）以及公正条件时，偏好具备完全的主观期望效用属性。

本章所论述的各个概念之间的联系如图8所示。

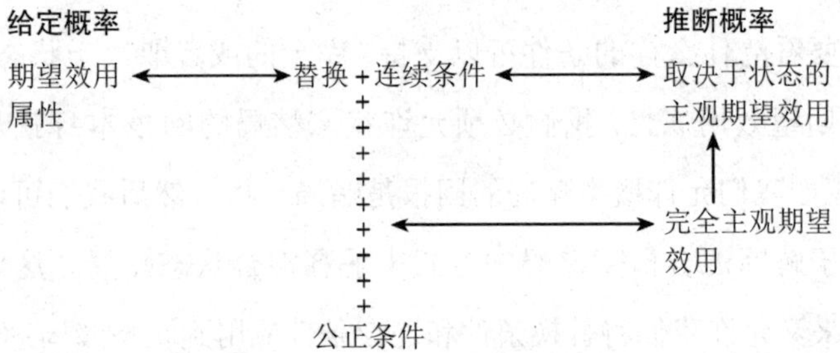

图8 不确定条件下的选择示意图：加号代表结合，双箭头代表相等，单箭头代表隐含

进一步扩展

在状态赌局的背景下有一个和“阿莱悖论”类似的问题叫“埃尔斯伯格悖论”。一个瓮里装着红、白、蓝三色彩球，要从中随机抽出一个。已知三分之一的球是红色的，但是白色球的比例

（或者蓝色球的比例）是未知的。首先，你是否喜欢赌局U“如果抽到红色球就得到100美元，否则一无所获”胜过赌局V“如果抽到白色球就得到100美元，否则一无所获”？其次，你是否喜欢赌局X“如果抽到白色球或蓝色球就获得100美元，否则一无所获”胜过赌局Y“如果抽到红色球或蓝色球就得到100美元，否则一无所获”？

停下来想一想。如果你喜欢赌局U胜过V，那么应该同样喜欢Y胜过X。要明白为什么会这样，让我们为100美元指派效用1，为一无所获指派效用0，然后把指派给抽中红球、白球和蓝球的概率分别记做p、q和r（注意这几个主观概率都不一定等于1/3）。现在如果你喜欢U胜过V，那么U的期望效用，也就是p，一定要大于V的期望效用，也就是q。这暗示p+r一定大于q+r。因为p+r是Y的期望效用，而q+r是X的期望效用，所以这反过来意味着，如果你的偏好具备期望效用属性，你喜欢Y胜过X。

但是，在试验中，相当大比例的人声称他们喜欢U胜过V，同时喜欢X胜过Y。这意味着这些人的偏好不具备取决于状态的主观期望效用，或者说，不满足替换条件或连续条件（事实上，是前者）。出现这一现象，看起来原因在于人们偏好概率给定胜过自己去推断概率。对此，你还是应该有你自己的判断。

阿莱悖论涉及概率赌局，而埃尔斯伯格悖论则涉及状态赌局。另外还有第三种悖论，称为“纽科姆悖论”，因哲学家罗伯特·诺齐克（1938—2002）的提问而广为人知，它涉及在不确定性条件下的一般选择。假设你面前有两个箱子，一个打开，另一个关闭。你必须同时选择两者或者只是关上的那个箱子。在打开的箱子里你看到有100美元；并且你被告知存在某个超能生物，它总能正确预测未来。如果它预测到你只选那个关闭的箱子，它就会在里面放入100万美元；否则它就什么也不放。你会选择要两个箱子，还是只选关上的那个？

诺齐克向很多人提了这个问题，他发现“几乎每个人都很清楚该做些什么。困难在于这些人意见明显存在分歧，分成人数大致相当的两半，且很多人认为另一半的人极其愚蠢”。看起来任何只选关闭的箱子的人确实是愚蠢的：那个超级生物可能已经放了或者没有放入100万美元，所以你完全可以同时选择两个箱子（正如诺齐克自己在长篇累牍的分析之后将会做的那样）。但是，你应该作出你自己的回答。[在你准备回答的时候，不妨想想诺贝尔物理学奖得主尼尔斯·波尔（1885—1962）。当他被问到为什么在墙上挂了一块幸运马蹄铁时，据说他这样回答：“并不是因为我相信它；而是有人告诉我，不管人们是否相信，它都能起作用。”]

小　结

不确定性条件下的选择涉及从赌局中作出选择，包括概率给定和未定两种情况。

替换条件要求，如果你喜欢第一个赌局胜过第二个，那么对于这两个赌局分别以相同权重和第三个赌局组成的混合赌局，你喜欢第一个混合赌局胜过第二个。

连续条件要求，如果你喜欢第一个赌局胜过第二个，且喜欢第二个胜过第三个，那么必定存在由第一个赌局和第三个赌局组成的某个混合赌局，使得你认为它和第二个赌局无差异。

概率赌局的期望效用由以下方式计算获得：把每个回报乘以相应的概率，再把结果相加。如果你在当且仅当某个赌局具有更高期望效用时，喜欢该赌局胜过另一个，那么你对于概率赌局的偏好就具备期望效用属性。

当且仅当偏好具备期望效用属性的时候，你对于概率赌局的偏好是理性的，也就是说，满足替换条件和连续条件。

一个赌局的取决于状态的主观期望效用由以下方式计算获得：将各个状态下所获得的回报分别乘以与该状态相联系的概率，再把结果相加。如果当且仅当某个赌局具有更高的期望效用时，你喜欢该赌局胜过另一个，那么你对于状态赌局的偏好就具备取决于状态的主观期望效用属性。如果当且仅当某个赌局具有更高的期望效用时，你喜欢该赌局胜过另一个，且指派给回报的效用独立于获得该回报的状态，那么你的偏好就具备（完全的）主观期望效用。

公正条件要求，如果你在某个状态下喜欢某个赌局胜过另一个，那么你在所有状态下都偏好该赌局。

当且仅当偏好满足替换条件和连续条件（当应用于状态赌局时），偏好具备取决于状态的主观期望效用属性；当且仅当偏好在满足替换条件和连续条件的同时还满足公正条件时，偏好具备完全主观期望效用属性。

第四章

赌博与保险

我们现在暂且离开正题，来讨论在赌局中作选择的一个特例，那就是所有的回报都是一定金额的金钱。我将主要在概率给定（而不是未定）的背景下来讨论。但是，根据第三章中的讨论，概率给定的情况也可以在另一个背景下来解释，即用主观概率来代替给定概率。

对待风险的态度

我们可以用最终财富或得失数字两种形式来表达涉及金钱的赌局。例如，假设你的现有财富是5 000美元，那么如果某个赌局使你的最终所得变成要么是4 000美元，要么是6 000美元，就可以表示为你要么获得1 000美元，要么损失1 000美元。我将根据不同情况，灵活使用这两种表述方式。为了作出区分，我在用得失法表示赌局时，会在金额数字前加上加号或减号。

我将假定财富连续变化，这么假定的原因你随后就会明白。我还将允许讨论涉及任何赌局（除了那些可能使你的财富降为负数的赌局），不管这些赌局可能在多大程度上增加你的财富。（在此顺便提一下，这也意味着存在无穷多的回报。）

在第三章所作研究的基础上，我们可以为每个可能的回报指派基数效用。如果我们认为你从某个给定水平的财富开始，这就相当于为每个财富水平指派效用，或者说规定一个**效用分配方案**。比如，你的效用分配方案可能为每个财富水平（以千美元为单位）指派该水平的平方根。举例来说，在这种情况下你将给4 000美元指派效用2。（我将把这个分配方案称为平方根分配方案。）一个效用分配方案可以用图表说明，横轴代表你的财富，纵轴代表你的效用。这样的分配方案（事实上是平方根分配方案）如图9所示。

该图具有多个属性。首先，曲线向上倾斜：我有充分理由假定，你喜欢财富越多越好。这正是曲线向上倾斜的原因。其次，

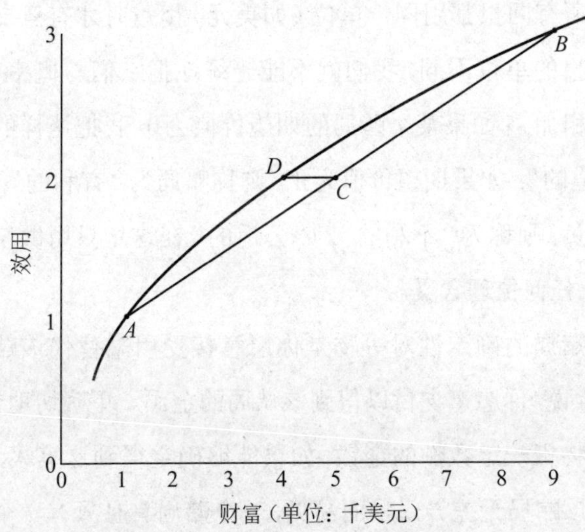

图9　效用分配方案：该赌局可能使你的财富变为A点或B点，两种变化概率相等；该赌局的期望价值是你在C点的财富；该赌局的确定性对等物是你在D点的财富。这个赌局的风险酬金等于C和D两点之间的距离

曲线是凹的，即连接曲线上任何两点的线段都整体位于曲线之下：我将留到以后再来讨论这一重要属性。最后，曲线是连续的，即没有跳跃。这一属性隐含在曲线内凹的形状中：画一幅带有跳跃的曲线图，你就可以在两点间画一条线，这条线不会整体处于曲线之下。

我将用到赌局的两个方面：它的**期望价值**和**确定性对等物**。某个赌局的期望价值可以通过下列方法来计算：将每个回报乘以它的概率，然后将所得数字相加。例如，赌局"以概率0.2获得9 000美元，以概率0.5获得5 000美元，以概率0.3获得1 000美元"的期望价值（以千美元为单位）等于：（9×0.2）+（5×0.5）+（1×0.3），即4 600美元。[期望价值与期望效用类似。但是，期望价值仅在所有回报都用同一单位（如美元）衡量时才有意义。如果不同回报的单位不同，我们就不能笼统地把它们与概率相乘，再把结果相加。]如果某个赌局的期望价值为0，我把这样的赌局称为"公道的"；如果期望价值为正，则称赌局为"有利的"；若期望价值为负，则称为"不利的"。（"公道的"在这里只用做统计学术语，没有任何伦理含义。）

某个赌局的确定性对等物是你愿意接受用来替代该赌局的金额，或者说，你愿意支付以得到该赌局的金额。更确切地说，确定性对等物指一定数额的金钱，如果能够确定得到这笔钱，你将认为它和该赌局无差异。显而易见，一个赌局有且只有一个确定性对等物。[如果我们不允许财富连续变化，只能以一定数额（如1美元）跳跃式变化，那么情况就会不同：可能你会认为1 000美元不如某个赌局，而1 001美元又比该赌局好。]

为说明确定性对等物的计算过程，假设你以平方根分配方案来指派效用，让我们试着分析这样一个赌局：如果接受该赌局，你的财富要么增加到9 000美元（此时你的效用为3），要么减少到1 000美元（此时你的效用为1），两种情况出现的概率相等。该赌局的期望效用为2，确定性对等物就是当你的效用等于期望效用（即等于2）时，你的财富水平（也就是说，等于4 000美元）。如图9所示：该赌局的结果是你的财富变为A点或B点；你的期望效用等于你在C点的效用；而确定性对等物等于你在D点的财富。

如果就某个赌局而言，你喜欢在确定性条件下的期望价值胜过该赌局本身，那么我会说，你是**风险厌恶**的。同样，如果期望价值大于确定性对等物，你也是风险厌恶的。反之，如果你喜欢赌局胜过它的期望价值，或者期望价值小于确定性对等物，你是**风险喜好**的。期望价值与确定性对等物之间的差额被称为该赌局的**风险酬金**。对于我们刚才讨论的那个赌局（以同样概率使你的财富可能变为9 000美元或1 000美元），它的期望价值为5 000美元，因此风险酬金就是5 000−4 000美元，即1 000美元。这也反映在图9中：该赌局的期望价值是你在C点的财富；而风险酬金等于C和D两点之间的距离。

显然，如果一个赌局的风险酬金为正，对于该赌局来说，你就是风险厌恶的；反之，如果风险酬金为负，你就是风险喜好的。如果你对于任何赌局都是风险厌恶的，那么我会说，你是（无条件）风险厌恶的。如果你对于任何赌局都是风险喜好的，那么我会说，你是风险喜好的。显而易见，如果效用分配方案的曲线是凹的，你就是风险厌恶的；反之，如果曲线是凸的，你就是风险喜好的（凸与凹正好相反）。

看起来风险厌恶是正常的。如果你认为自己是风险喜好的，下面的例子或许会改变你的想法（这个例子由丹尼尔·伯努利提出，我们在第三章中已经提到过他。因为这个例子最早在俄罗斯圣彼得堡科学院的报告中被提到，所以得名）。

圣彼得堡例子

一个赌局通过多次抛掷一枚硬币，直至出现一次正面朝上来得到结果：如果只需掷一次，回报为2美元；如果掷两次，回报为4美元；如果掷三次，回报为8美元，依此类推。你需要为这个赌局准备多少钱？也就是说，你的确定性对等物是多少？暂停并思考。

如果你准备支付的金额少于该赌局的期望价值，你就是风险厌恶的，至少就这个赌局而言。尽管可能出现的回报数目是无穷的，但很容易计算出期望价值。在下表中，第一行给出数字n，表示掷出一次正面朝上所需的次数。第二行是掷n次的情况下所得的回报。第三行是需要n次才能掷出正面朝上的概率（实际就等于获得n个规定结果的概率，其中每个结果的概率为0.5，连续相乘）。第四行是由第二行的回报乘以第三行的概率所获得的结果。

抛掷次数	1	2	3	……
回报	+2美元	+4美元	+8美元	……

概率	1/2	1/4	1/8	……
结果	1美元	1美元	1美元	……

把第四行中的数额相加就得到期望价值。因为这是对一个单项为1美元的无穷数列进行加总，所以总和是无穷大。因此，尽管你也许急匆匆地答应为这个赌局付1美元，你还是风险厌恶的。再次暂停并思考：根据现有讨论，你会准备付多少？随机观察显示，通常人们愿意付16美元。

测量风险厌恶

既然我们大家似乎都是风险厌恶的，从现在起，我将假定这一点。试回想，风险酬金是正的，因此当且仅当你的效用分配曲线是凹的时候，你是风险厌恶的。其实，效用分配曲线凹的幅度越大，风险酬金越高，因此你厌恶风险的程度也越高，这一点看似很合理。这说明，我们可以把某个财富水平点上的曲线凹度解释为你在该水平的**风险厌恶量度**。

如果想要这么做，我们必须能够测量曲线的凹度。我们可以在任何财富水平上测量效用分配曲线的斜率。对于任意小的财富变化来说，曲线斜率等于其垂直变化，或者说效用变化，除以其横向变化，或者说财富变化（因此，某一点的斜率就等于该点财富的边际效用）。随着财富水平变化，斜率也随之变化：如果曲线是凹的，斜率变得越来越平坦，或者说，随着财富增加，斜率减小。曲线的凹度由斜率减小的比例幅度（即斜率减小的幅度除以斜率本身）来衡量。

为说明风险厌恶量度的计算，假定你的效用分配方案是平方根分配法。那么在4 000美元左右的财富水平，你的效用（大约）是：

3 999美元	1.999 7
4 000美元	2.000 0
4 001美元	2.000 2

效用分配曲线的斜率在略低于4 000美元的水平等于2.000 0−1.999 7，即0.000 3；而曲线斜率在略高于4 000美元的水平等于0.000 2。因此，斜率减小的幅度等于0.000 1；再除以斜率本身的平均值，即除以0.000 25，从而得到减小比例幅度，或者说风险厌恶量度，等于0.4。（当然这只是大约值，因为财富变化的幅度是以1美元为单位，而不是任意小的变化；此外，还有小数点进位的误差。）

还需要再确认，这一量度方式究竟在多大程度上有效。首先要注意的是：如果你的效用以线性方式变换，你的风险厌恶量度不会变化。这是因为，如果把所有效用都翻倍，斜率和变化幅度也都翻倍。而如果把所有的效用都加上7，斜率和变化幅度都不会变化。

现在来考虑我们怎样比较你我各自的风险厌恶。一个简单的方法是：如果我愿意接受任何你接受的赌局，但反之则不然，那么你比我**更加厌恶风险**。显而易见，当且仅当你对任何赌局的风险酬金大于我的，这一点才成立。但是，在你比我更加厌恶风险这一判断和我们的风险厌恶量度之间有没有任何联系？答案是有。当且仅当在任何财富水平上你的风险厌恶量度大于我的时，你比我更加厌恶风险。

到目前为止，我们对风险厌恶的量度看起来无懈可击。要明白哪里可能会有问题，我们需要来考虑一个赌局比另一个**更具风险**究竟意味着什么。试考虑下列两个公道赌局：赌局X“以概率0.4得到150美元，以概率0.6失去100美元”，和赌局Y“以概率0.2得到400美元，以概率0.8失去100美元”。假设你选择赌局X，并且如果获胜，下注250美元掷硬币。也就是说，进一步选择赌局“以概率0.5得到250美元，以概率0.5失去250美元”。（如果在赌局X中失利，你不再继续。）采用在第三章中已经讨论过的评估复合赌局的方法，不难发现这个两阶段的赌局相当于单阶段的赌局Y。因此，赌局Y可以被看做赌局X加上一个公道赌局：我们可以很合理地说，Y比X更具风险。更普遍地，在比较公道赌局时，如果第一个公道赌局相当于第二个再加上一个或多个公道赌局，那么第一个公道赌局就比第二个更具风险。

对于非公道赌局，我们可以通过它们的风险部分，即它们相对于期望价值的得失，来比较它们的风险性。更确切地说，一个赌局的**风险部分**是该赌局所有的回报之和减去它的期望价值；这当然是一个公道赌局。比如，赌局Z“以0.2的概率得到500美元，以0.8的概率一无所得”，它的期望价值是100美元，而它的风险部分则是公道赌局Y。一般来说，如果第一个赌局的风险部分比第二个赌局的风险部分更具风险，那么第一个赌局就比第二个更具风险。

现在我可以回到本书主题。让我们来考虑两个赌局X和Y，两者具有相同的期望价值。如果你是风险厌恶的，那么不出所料，只要X的风险小于Y，你总会选择X而不是Y。到目前为止这很正常。但是现在来考虑两个新的赌局U和V：U比V具有更高的期望价值，但是也更具风险。如果你选择U而不是V，并且你比我更加厌恶风险，那么很自然我也会选择U而不是V。如果更高的期望价值对你来说是对额外风险的补偿，那么对我来说同样如此。如果V是个简化赌局，那么显而易见，情况就是如此。但是，一般来说，情况并非如此。

于是我们已经有了一个问题。看起来我们要么是对于风险厌恶的量度，要么是对于一个赌局比另一个更具风险究竟意味着什么这一点的理解，存在着漏洞。你要修正哪一个？

一些扩展

赌博（日常生活中的口头用法）和保险都涉及接受一个赌局（选择理论的术语用法）。赌博涉及接受一个新赌局。如果你在一局轮盘赌中下注100美元赌红色，那么你就接受了赌局X，它的回报是得到100美元（红色出现）和失去100美元（红色没有出现）。保险涉及接受一个赌局，它将抵消另一个已有的赌局。如果你有一辆价值5 000美元的车有可能被偷，那么你已经有一个赌局Y，它的回报是：失去5 000美元（车被偷），一无所失（没有被偷)。如果你随后接受赌局Z,它的回报是:得到4 940美元(车被偷),失去60美元(没有被偷),那么你最终就是接受了净(简化)赌局,它的回报是:失去60美元,不管你的车是否被偷。接受赌局Z抵消了你的原有赌局Y:它以保险费60美元进行了投保。

如果轮盘赌只有一个轮槽为零,那么所有轮槽就包括18个红色槽和19个非红色槽(零既非红色,也非黑色),所以你的轮盘赌局X的期望价值即为:(+100×18/37)+(−100×19/37),即约等于−3美元。如果你的车被偷的概率为0.01,那么你的保险赌局Z的期望价值即为:(4 940×0.01)+(−60×0.99),即−10美元。所有的商用轮盘赌都有零槽,所以在赌场玩轮盘赌就是在接受不利赌局。(所有有组织的赌博都是对游戏者不利的:极端的例子是国家彩票。下注100美元通常相当于接受一个期望价值为−50美元的赌局。)既然保险公司有成本,那么保险也相当于接受不利赌局。

在不利条款下进行赌博或保险都没有任何不合理之处。但是,显而易见,如果你是风险厌恶的,那么你不会在不利条款下赌博,尽管你可能会保险。同样,如果你是风险喜好的,那么你不会在不利条件下保险,尽管你可能会赌博。但是,随机观察发现,似乎很多人在不利条款下,既赌博也保险:他们买国家彩票,又给车上保险。如果你买了国家彩票,那么你一定是风险喜好的;如果你给车买保险,你一定是风险厌恶的。你怎么可能同时做这两件事呢?

图10　轮盘赌，棕榈滩县

我们对于这一难题的解答取决于这样一个事实：你可能在财富的某些水平上是风险厌恶的，但在另外一些水平上则是风险喜好的。尤其是你在贫穷的时候可能回避风险，但当你变富之后就会准备去冒险。回想一下，如果你是风险厌恶的，那么你的效用分配方案的曲线就是凹的；如果你是风险喜好的，曲线就是凸的。但是，如果你在财富较低水平是风险厌恶的，而在较高水平是风险喜好的，那么你的效用分配曲线就是在低水平凹，而在高水平凸。

举例来说，假设你现有的财富是5 000美元，你的效用分配方案如下：

1 000美元	2
3 000美元	9
5 000美元	10
7 000美元	11
9 000美元	18

首先考虑下注2 000美元赌一匹赛马，赔率是2∶1。这个赌局将会以1/3的概率（你的马赢了）使你的财富增加到9 000美元，或者以2/3的概率（你的马输了）使你的财富减少到3 000美元。赌局的期望效用为：（18×1/3）+（9×2/3），即等于12。这超过了你现有财富的效用（等于10），所以你将接受该赌局。

现在考虑你的保险决定。你可以为价值6 000美元的车投保，保费为2 000美元。你的确定财产为5 000美元，这意味着你的车已经被保险：你必须选择是否取消你的保险。取消涉及接受一个新赌局，它将使你的财富以2/3的概率增加到7 000美元（车没有被偷），或者以1/3的概率减少到1 000美元（车被偷了）。这一新赌局的期望效用为：（11×2/3）+（2×1/3），即等于8。因为这少于你的现有财富（还是等于10），你将不会接受这个新赌局，即你将投保。注意，这个例子显示，你可能在公道条款下同时进行赌博和保险。显而易见，如果条款变得略微有些不利，你还是会继续同时赌博和保险。

如图11所示，你的现有财富为A点。赛马赌局将使你的财富变为B或C，因为你的期望效用高于你在A点的效用，所以你接受该赌局。新的保险赌局将会使你的财富变为D或E，你的期望效用低于你在A点的效用，所以你不接受该赌局（即选择投保）。

尽管这个解决方案颇为巧妙，但人为构造的痕迹略显突出。它不仅要求你的效用分配曲线具备所需的形状，而且要求你的现有财富在所需位置：你的财富不能高于E点（否则你就不会保险），也不能低于B点（否则你不会赌博）。

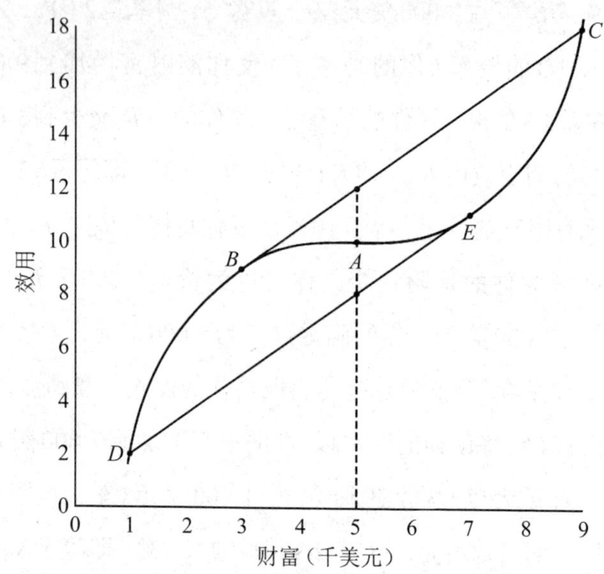

图11　赌博与保险：如果你的财富为A，你将接受某个公道赌局，它使得你的财富可能变为B或C，但拒绝另一个可能使你的财富变为D或E的公道赌局

另一种解答是：人们在所有财富水平都是风险厌恶的，因此他们在不利条款下投保但不赌博：他们只是看起来要赌博而已。如果阿尔克夫赢得马赛的赔率是2∶1，而你认为它获胜的概率是0.4，那么即使你是风险厌恶的，你也可以下注赌它赢。因为你这

样做等于是接受一个赌局:"以概率0.4得到200美元,否则失去100美元。"该赌局的期望价值是20美元。

你可以很合理地相信阿尔克夫获胜的概率为0.4:信心,就像品位一样,是主观判断。你应该明白赌马组织者也有成本,因此随意对赛马下注就是在不利条款下进行赌博。但你会认为自己有一些私人信息,并不是在随意下注:你,且只有你,看到阿尔克夫眼神里的光芒,它要统治赛场。通常你的这种迷信都是错误的,但那是另一回事。

表面看来,这个解决办法在轮盘赌或国家彩票的例子中不如在赌马例子中那么可信。的确,每个人都知道在轮盘赌和彩票例子中所有数字都以均等机会出现。你或许知道这一点,但还是有无数的书和方法在告诉你怎么赢得轮盘赌或者在买彩票时选哪几个数字,这说明并非每个人都知道。

我现在回到第三章中提出的问题:基数效用是否能为赞成财富再分配的观点提供理论基础。回想一下,尽管当采用序数效用时,边际效用的概念没有意义;但当采用基数效用时,它就有一定意义。这是因为如果在某种基数效用指派方式下,你指派给1 000美元和2 000美元的效用之间的差额大于指派给8 000美元和9 000美元的效用之间的差额,那么在任何指派方式下,前者都大于后者。但这意味着什么?这意味着你是风险厌恶的,仅此而已。尤其是,这并不意味着如果1 000美元从某个有9 000美元的人手中转移到某个只有1 000美元的人手中会产生净收入。其他且不论,这将涉及对不同人的效用进行没有依据的比较。在本例中，更确切地说是把某种对快乐或福利的量度仅仅解读为用数字方式来表示对风险的态度。即使我们能忽略人际比较的问题，用基数效用来支持财富再分配，我们也只是基于人们对风险的态度来进行再分配。如果人们是风险喜好的，那么在此基础上的再分配将是“劫贫济富”。

另一种更为缜密的为再分配辩护的做法是使用一张想象的**无知面纱**。假设每个人都来斟酌全部可能的财富分配方案。对于1 000万人口的集合来说，分配方案可能包括：

100万人得到1 000美元，500万人得到4 000美元，还有400万人得到8 000美元

100万人得到1 000美元，还有900万人得到5 000美元

1 000万人得到2 000美元

并非所有分配方案都具有相同总和，但从中我们可以发现，财富分配方案需要我们参与，并且一些方案比其他方案为我们的参与提供了更多激励。

这些人在不知道自己在这些分配方案中所处位置（即在初次分配时，不知道他的财富究竟是1 000美元、4 000美元，或是8 000美元）的情况下，每个人选择一种分配方案。据称，每个人将选择某个分配方案，使得最穷的人（或者最穷的人群）获得最大数额：在现有的例子中，每个人将选择“1 000万人得到2 000美元”。另据称，在无知面纱下人们选择的分配方案是公正的，并且如果真

实分配方案不同于所选方案，就有理由进行再分配。这就是由哲学家约翰·罗尔斯（生于1921年）提出的差异原则：

> 所有的社会价值——自由和机会、收入和财富，以及自尊的基础——将被平等分配，除非其中任何一种或者全部价值的不平等分配方案对所有人有利。

第一个声明，即每个人会选择给最贫穷的人最大数额的分配方案，是很实际的，且直接和选择理论相关。在面纱背后，你不得不从一些赌局中进行选择，比如下列三个：

以概率p得到1 000美元，以概率q得到4 000美元，剩余情况则得到8 000美元

以概率r得到1 000美元，剩余情况则得到5 000美元

以概率1得到2 000美元

如果你是极端风险厌恶的，你将单选这三个赌局中的最后一个。确实，如果你喜欢第三个赌局胜过第二个，那么不管你以概率r得到的价值是多少，你都违反了连续条件。因此声称每个人将选择给最贫穷的人最大数额的分配方案，这一点似乎不能成立。

第二个声明，即在无知面纱背后，人们选择的分配方案是公正的，并且如果真实分配方案不同于所选方案，就有理由进行再

分配。这个声明属于伦理学范畴：选择理论将无法说明这一点。但是，我顺便提一下，还有其他观点。其中之一是如果某种财富分配方案是自愿行为的结果，而不是出于其他原因，那么它就是公正的。如果你比我有钱，因为你勤奋工作，而我很懒，这就无话可说了：任何人都不该把你的财富分拨给我。这就是罗伯特·诺齐克（我们在第三章中已提到过他）所阐发的理论：

> 我们并不是处于孩子的位置，孩子们得到一定份额的馅饼，分的人在最后一刻作了细微调整以修正粗心的切割。不存在主导性的分配方案，没有人或集体有权控制所有资源，并决定资源该如何划分。比如，每个人得到什么，他从其他人那里得到什么以作为交换，或者作为礼物。在一个自由社会里，不同的人控制不同的资源，并且出于人们的自愿交换和自愿行为，新的财产所有格局会出现。正如在一个自由选择对象的社会里不存在配偶分配，我们的社会里也不存在财富分配或者说份额分配。

小　结

在所有回报由金钱数额组成的赌局中，你的选择体现了你对风险的态度。

赌局的风险酬金等于：（1）赌局的期望价值，即把每个回报乘以相应概率，再把所得数字相加；减去（2）赌局的确定性对等物，即你愿意接受用以替代该赌局的金额。

在某个财富水平上的风险厌恶量度是效用分配曲线在该水平上斜率减小的比例幅度。

如果我愿意接受你所接受的任何赌局，但反之则不然，那么你就比我更加厌恶风险。

你比我更加厌恶风险，当且仅当（1）对于所有赌局你的风险酬金都大于我的风险酬金，并且（2）在任何财富水平你的风险厌恶量度大于我的风险厌恶量度。

第五章

冲突与合作

现在我回到本书主题，来考虑候选菜单由策略选项组成的情况。我把这些选项称为行为，比如作出一个或高或低的拍卖报价。这是博弈论的框架。但我将侧重于研究当你一个人进行选择的时候，怎样才是理性的，而博弈论则关注我们应该如何以某种共同稳定的方式进行各自的选择。

情　形

在一个策略框架里，你在选择你的行为的时候，知道我也将独立选择某个行为，而结果将取决于我们各自的选择。你必须在这种情况下作出你的选择。

在开始前，我们要先了解互知信息的概念。互知信息不同于共同信息。如果我们各自知道某件事，它就属于共同信息。如果我们不但各自知道某件事，而且知道对方知道这件事，知道对方知道我们知道他知道这件事，依此类推，这样的信息就属于互知信息。试举一例说明互知信息和共同信息的区别。假设你我各自发到一张牌。两张牌的花色都是红色，但我们并不知道：我们各自只知道自己牌的花色。此时，发牌人先问我，然后问你，是否知道对方牌的颜色。显然，我们都回答不知道。发牌人随即告诉我们至少其中一张牌是红色的，然后他重复了刚才的问题。我再次回答不知道。但是你一听到我的回答，就会意识到我的回答表明我手中的牌肯定不是黑色，因此你推断出我的牌是红色的，并且回答说你知道。这个例子的要点在于当你被告知某个你已经知道的信息（至少一张牌是红色的）之后，你的回答变了，从否定变为肯定。改变的理由是你所获得的信息从共同信息变为互知信息。

一个策略问题的所有细节都属于互知信息，包括：我们各自所选择的行为，产生的结果，以及我们各自（根据第三章的结果）对此所指定的效用。互知信息还包括我们各自都理性地作出选择，这一点尚待具体探讨。

举一个策略问题的例子。假设在一次拍卖中，你我各自作出一个封闭报价。拍卖品是一瓶价值为100美元的酒。为简化问题，只允许两种报价：高价96美元和低价94美元。在我们各自递交报价后，拍卖师打开报价，将酒交给报价更高的人。随即报价者按所报价格付款给拍卖师。如果双方报价相等，则报价师将酒平均分给两人，同时两人各自支付一半报价。很显然，你每次报价的所得取决于我的报价，反之亦然。如果你报高价，我报低价，则你的所得为100−96美元，即4美元。如果你报低价，我报高价，你的所得为0，因为你的报价没有被接受。如果我们都报高价，则你的所得为0.5×4美元，即2美元。如果我们都报低价，则你的所得为0.5×6美元，即3美元。我的所得也可以这样计算。你必须要选择究竟是报高价还是报低价。

拍卖的可能结果如下文所示，其中结果“4美元，0美元”代表你的所得为4美元，而我的所得为0美元，依此类推。

	我报高价	**我报低价**
你报高价	“2美元，2美元”	“4美元，0美元”
你报低价	“0美元，4美元”	“3美元，3美元”

你和我各自对这些结果指派基数效用。比如，我们可以指派效用如下：

结果	**你**	**我**
“0美元，4美元”	0	3
“2美元，2美元”	1	1
“3美元，3美元”	2	2
“4美元，0美元”	3	0

你对于某个使你的收益为0美元而我的收益为4美元的结果指派效用0，依此类推。

这一效用指派方式有三个方面值得一提。第一，你和我各自对整个结果，而不仅是对我们各自的收益指派效用：你可能希望我过得好，因此，在其他条件不变的情况下，你会为某个使我得到更多收益的结果指派更高效用。或者你也可能希望我过得不好，或者根本就不关心我。第二，既然我们指派的是基数效用，它就已经包含了对于风险的态度。因此，如果你选择一个赌局，以各占一半的概率得到结果“2美元，2美元”和“4美元，0美元”，那么在上述效用分配方式下，这个赌局和确定得到结果“3美元，3美元”对你来说是无差异的，因为你的（期望）效用在每种情况下都是2。第三，没有任何说法证明你的效用和我的效用能够以任何方式作比较：我们各自独立指派效用。

我们可以将这两个表格中的信息结合在一起得到一个拍卖问题的**收益矩阵**。与以往不同的是，我们用一对效用来代替与之相关的结果“2美元，2美元”，也就是说，你的效用是1，我的效用也是1，依此类推。收益矩阵的行对应你可能的行为，列对应我的行为。如果你选择行的行为，我选择列的行为，我们行为的结果就是每一个行和列组合在一起的条目。条目的格式是：你的效用在前，我的效用在后。现在我们可以将拍卖的例子改写如下。

拍卖的例子

在某次封闭报价拍卖会上，你和我各自决定报极高或者极低的价格。收益矩阵如下：

	A	B
A	1∶1	3∶0
B	0∶3	2∶2

这个拍卖问题和著名的“囚徒困境”难题实质上是一样的。在囚徒问题里，你和我都被指控犯下罪行。我们被告知如果我们都否认罪行，那么我们各自将被判较轻的罪名，并且接受很轻的惩罚。如果我们都坦白，那么我们各自接受中等程度的惩罚。如果我们两人中只有一个人坦白，那么他就会被释放，并且成为证人指控另一个人。被指控的人将受到严厉惩罚。在我们可以沟通之前，我们被关在隔离的牢房里。你必须选择究竟是坦白还是否认。假定我们每个人只关心自己的惩罚，我们各自为严厉的惩罚指派效用0，为中等程度的惩罚指派效用1，为很轻的惩罚指派效用2，为无罪释放指派效用3。显而易见，这个问题的收益矩阵和刚才的拍卖问题是一样的，只不过把几个名称换了而已。

图12 《国际跳棋比赛》：奖品坐在正中（马蒂亚·普雷第，约1635）

理性行为

来考虑下面的例子（我将不再为这个例子以及随后的其他一些例子来编故事）。

树的例子

你和我各自选择一种树：你可以选白蜡树、山毛榉或栗子，我可以选白蜡树或山毛榉。收益矩阵如下：

	A	B
A	0∶0	3∶1
B	2∶1	2∶2
C	3∶2	0∶3

当然，你不会知道我将选择哪个或哪些行为，甚至不知道我将以什么样的概率来选择每个行为。但是，如果你知道这些概率，你的选择就很简单：你将在给定这些概率的情况下，选择能够将你的期望效用最大化的行为。这一行为被称为你对于这些概率的**最佳反应**。假设在本例中，你被告知我将以概率0.5选择A（否则选B），那么如果你选择A，你的期望效用就是：（0×0.5）+（3×0.5），等于1.5。如果你选择B，那么期望效用就等于2。如果你选择C，期望效用等于1.5。于是你选择B，也就是说B是你对于这些概率的最佳反应。

现在假设你仅仅被告知我的**潜在行为**，即我可能选择的行为。总的来说，把这些行为和不同概率联系在一起，就会得到不同的最佳反应。比如，如果在上例中，你被告知我将以概率0.2而不是0.5选择A，那么你的最佳反应将变为A；如果你被告知我将以概率0.8选择A，那么你的最佳反应就将变为C。对于我的潜在行为，你的**可信反应**是对于其中一些概率的最佳反应。在本例中，对于我的潜在反应A或B，你的可信反应是A、B和C。

最佳反应和可信反应可以用来研究理性。不妨举个例子说明看似有违理性的选择，比如在拍卖的例子中你如果选择B。B的问题出在对于我的任何潜在行为，它都不是最佳反应。不管你是否被告知我将选择A，或选择B，或者可能随机选择其中之一，你的唯一的可信反应都是A。

下面的例子提供了一个更为复杂的案例来说明有违理性的选择。

花的例子

你和我各自选择一种花：我们可以各自选择乌头、毛茛或连香报春花。收益矩阵如下：

	A	B	C
A	1∶0	1∶0	2∶1
B	2∶1	2∶2	1∶3
C	1∶0	0∶2	0∶1

假设在本例中你选择B。这里的问题不太明显。表面看来，你的选择无可挑剔：不管我选A或B，你选B都是一个可信反应。但是你必须问自己，我是否会选择A或B。显然，我不会选择A，因为对于你的任何选择，A都不是我的可信反应。那么我可能选择B吗？如果我这么做，那么我不得不相信你将选C，因为对于你选A或B，我选B都不是可信反应。但我知道你不会选C，因为对于我的任何选择，你选C都不是可信反应。结果是，你知道我会排除A与B来选C。但是你选B不是我选C的可信反应。因此，你选择B看起来违背理性。

理性行为是可以通过一连串可信反应论证来检验其合理性的行为，正如在上例中那样。在策略问题里，你不知道我将选择什么。但是，你可以推断出关于我的行为的一些信息，因为你知道我只会选择一个可信反应。特别是，你可以推断，我的任何选择将是我在推断出你的选择之后所作出的可信反应。更进一步，因为你知道我知道你只会选择一个可信反应，你会预期我将作出类似的推断。确实，你应该预期到我会预期到你将作出类似推断，依此类推。理性行为是从这条推理链中产生的行为：你的行为是理性的，如果它是你针对我的可信反应所作出的可信反应；而我的可信反应又是针对你的可信反应所作出的；你的可信反应又是针对我的可信反应所作出的……注意理性本质上是和个人相关的概念。在拍卖的例子里，如果我们各自选择B而不是A，那么我们将各自变得更好：对于个人来说是理性的选择，可能对于集体来说并非理性。

在花的例子里，我们可以用一张表来说明这一推理链。表中每一行给出选择者、他所面对的另一个人的潜在行为，以及选择者对此的可信反应。

选择者	**面对的潜在行为**	**反应**
你	ABC	AB
我	AB	C
你	C	A
我	A	C

直到你我的可信反应都不再随着推理的进行而改变，这一推理链宣告结束。如果我们到达某一点时，都只选择一个行为，如上例所示，那么很显然这就是推理链的终点。我们应该注意到，我们是从你的而不是我的反应开始推理的：但是显而易见，如果我们从我的反应开始也会得到同样的结果。因此你的理性行为是A（而我的是C）。

显然，你将总能作出某个理性行为。但是，如下例（这个例子是“在纽约见面”的原始版本）所示，你可能有不止一个理性行为。

见面的例子

你和我约好见面，但忘了确定究竟是在A点还是在B点见面。因为我们各自都想见面，但不在乎在哪里见面，我们的收益矩阵可以写成下面的形式：

	A	B
A	1∶1	0∶0
B	0∶0	1∶1

如果你被告知我选A的概率大于0.5，那么你的最佳反应就是A。如果你被告知这一概率低于0.5，你的最佳反应就是B。因此，因为你的可信反应是你对于某些概率所作的最佳反应，对于我的潜在行为A或B，你的可信反应就是A和B。因为我的可信反应也是一样，所以对于我们每个人来说，理性行为一定是A和B两者（其实，我们应该已经从本例的对称性上判断出这一点）。

非劣势行为

为了概括理性的特征，我们需要“优势”这一概念。在你的两个行为中，如果不管我选择什么，你都偏好第一个，那么该行为对第二个占优势。相应地，你的第一个行为所带来的效用大于第二个。例如，在拍卖的例子里，你的行为A相比B占优势。优势行为还有更为复杂的一种形式。试想，你不再选择某个特定行为，而是能够选择多个行为的组合，或者说，针对你行为的一个赌局。这意味着，除了单选X或Y之外，你还可以选赌局“以概率0.5得到X，以概率0.5得到Y”。如果无论我选择什么，你从赌局得到的期望效用都大于你从特定行为所得到的期望效用，那么涉及多个行为的赌局相比某个特定行为就占优势。考虑下面的例子。

昆虫的例子

你和我各自必须选择一种昆虫：你可以选蚂蚁、蜜蜂或者毛虫；而我可以选蚂蚁或蜜蜂。收益矩阵如下：

	A	B
A	0∶0	3∶1
B	1∶1	1∶2
C	3∶2	0∶3

在本例中，你的赌局"以概率0.5选A，否则选C"相比行为B占优势：无论我选择什么行为，你从赌局获得的期望效用都是1.5，而你从B获得的期望效用是1。如本例所示，一个行为可能相比一个行为组合占劣势，即使相比组合中的任何一个行为，它都不占劣势：你的行为B和A或C相比，都不占劣势。

如果一个行为和任何组合（包括任何简化组合，即任何行为）相比都不占劣势，那么该行为是**非劣势的**。换句话说，如果无论我选择什么行为（或行为组合），没有任何行为能给你更高的（期待）效用，你所选的行为就是非劣势的。如你所料，一个行为如果是最佳反应，它一定是非劣势的。既然要成为理性行为必须是最佳反应，这就意味着理性行为必须是非劣势的。但是，反之则不一定成立：一个行为可能是非劣势的，却不是理性的。

要明白这一点，让我们回到树的例子。收益矩阵如下：

	A	B
A	0∶0	3∶1
B	2∶1	2∶2
C	3∶2	0∶3

本例中你的行为C是非劣势的，但它显然不是理性的。

在树的例子中，你的行为C不是理性行为，因为尽管它是非劣势的，但是（1）如果我的行为A从矩阵中被删除，它就变成劣势行为；（2）删除A很合理，因为它是劣势的（和我的行为B相比）。这就是说，你的行为C逃不过对劣势行为的反复删除，或者说它并非**反复非劣势的**：换句话说，你的行为相比我的任何行为，不占劣势；同样，我的行为相比你的任何行为，不占劣势……依此类推，反复检验。

要说明反复删除法，让我们回到花的例子。收益矩阵如下：

	A	B	C
A	1∶0	1∶0	2∶1
B	2∶1	2∶2	1∶3
C	1∶0	0∶2	0∶1

在本例中，我们可以如下文所示，反复删除行为。表中每行给出选择者、选择者所面对的对方行为，以及在该阶段选择者删除的行为。

选择者	**面对的对方行为**	**删除**
你	ABC	C
我	AB	AB
你	C	B
我	A	—
你	C	—

当我们都不能再继续删除任何一个行为时，整个过程宣告结束。在本例中，你唯一剩下的行为是A（而我的是C）。注意第一次我选择删除A和B。显然如果我在这一步只删除A或B，我们也会取得同样的结果，尽管可能花费更多步骤。显而易见，和获取理性行为的过程一样，如果我们从我开始而不是从你开始进行删除，还是会取得同样的结果。

反复删除劣势行为的过程显然和获取理性行为的过程有很多共同点。在花的例子里这两个过程得到同样结果，这并非偶然：这适用于一般情况。因此我们可以有完整的概述：当且仅当选择是反复非劣势时，它是理性的。

尽管颇有吸引力，我们在使用被称为“弱优势”的概念来代替“优势”概念时，还是要小心。如果对于你的两个行为，（1）不管我选择什么行为，你从第一个行为得到的效用不少于从第二个得到的效用；（2）对于我的至少一个行为，你从第一个行为得到的效用大于从第二个得到的效用，那么你的第一个行为和第二个行为相比就占弱优势。考虑下例。

鸟的例子

你和我各自必须选择一种鸟：你可以选反嘴鹬、乌鸫或乌鸦，我可以选反嘴鹬或乌鸫。收益矩阵如下：

	A	B
A	1∶1	0∶0
B	1∶1	2∶1
C	0∶0	2∶1

在本例中，你的行为B相对于你的行为A和C都占弱优势（但不占优势）。

我们在反复删去弱劣势行为时，就不像反复删除劣势行为时那么有自信。我们对理性的概述告诉我们，反复弱非劣势行为和理性行为不一样。而且，删除的顺序也会影响结果。如果在上例中，你删除A，那么我将删除A：你将单选B或C，并得到效用2。但是，如果你删除C而不是A，那么我将删除B：你将单选B或C，并得到效用1。尽管如此，如果我们已经删除所有劣势行为，那么避免弱劣势行为的做法就有一定道理。

稳定行为

在此出现一个问题：以理性方式行事和以稳定方式行事，这两者之间究竟有没有联系？如果我们各自以理性方式行事，我们的行为是否**稳定**？如果我们的行为稳定，它们必须是理性的吗？

要继续研究，我们需要考虑我们的行为究竟怎样才算是稳定的。如果你的行为是你对我的行为的最佳反应，同时我的行为也是我对你的行为的最佳反应，我们的行为就是稳定的。（对一个行为的最佳反应就是在给定该行为的情况下，对简化概率的反应。）如果是这样，那么当我们二人都没有单方面动机去作出改变时，我们的一对行为就是稳定的。一对稳定行为也被称为"纳什均衡"，得名于约翰·纳什（生于1928年），他是诺贝尔经济学奖获得者、经济学家和数学家（同时也是电影《美丽心灵》的主人公）。注意，尽管我们可以问你的单个行为在孤立情况下是否具有理性，我们却不能问你的单个行为是否稳定：稳定性是只属于成对行为（你的一个行为和我的一个行为）的属性。

要说明稳定行为，让我们回到拍卖的例子。收益矩阵如下：

	A	B
A	1∶1	3∶0
B	0∶3	2∶2

在本例中我们各自选择A是稳定的，因为如果你知道我将选

A，那么你就会选A；并且如果我知道你选A，我就会选A。

如拍卖的例子所示，且几乎可以由定义直接得出，稳定行为是理性的。但是，反之则不成立：并非所有成对的理性行为都是稳定的。下例将说明这一点。

动物的例子

你和我各自选择一种动物：我们可以各自选择驴子、野猪或者母牛。收益矩阵如下：

	A	B	C
A	0∶7	2∶5	7∶0
B	5∶2	3∶3	5∶2
C	7∶0	2∶5	0∶7

显而易见，在本例中唯一的稳定行为是你选择B，我选择B，但是每个可能的行为对你来说（同时对我来说）都是理性的。

理性、优势和稳定性之间的联系如图13所示。

图13　战略选择示意图：双箭头代表对等，单箭头代表隐含

在讨论稳定性时，我的主要目的是查明以理性行事和以稳定方式行事之间的联系，而不是具体研究稳定性。但是，我要简单提一下和稳定性概念相关的两个问题。

第一个问题是可能存在许多互不兼容的稳定行为。见面的例子可以说明这一点。收益矩阵如下：

	A	B
A	1∶1	0∶0
B	0∶0	1∶1

在本例中，你选择A且我选择A是稳定的，因为我们中没有人会选择B，如果他知道另外一人将选择A。同样，你选B且我选B是稳定的。因此，我们有多对稳定行为。如果你选择某一对行为中你的部分，而我选择另一对中我的部分，如果我们这样的选择也是稳定的，那么存在多对稳定行为这一现象就无关紧要。但事实并非如此：你选A且我选B，这一对行为并不稳定。

见面例子的另一种阐释强调了这一点。A可以重新解释为靠左行驶，B可以解释为靠右行驶；收益矩阵保持不变。如果我们每个人都靠左行驶，这是稳定的；每个人都靠右行驶，也是稳定的；但如果我靠左而你靠右行驶，我们可能都活不久。

注意，在本例中每个稳定配对都不涉及弱劣势行为：如果存在弱劣势行为，或许合理的做法是避免选择它们。还要注意，在理性行为中不可能出现不兼容的问题：你可能有多于一个理性行为，我也一样，但是多对行为在整个过程中不会产生影响。

稳定性概念的第二个问题在于，可能不存在稳定行为。下面的例子可以说明这一点（这个例子最早被称为“便士配对”）。

配对例子

你和我各自选择一张牌，然后给对方看，牌上画着天使或野兽。如果我们牌上的画是一样的，我付你100美元，如果不一样，你付我100美元。因为我们都喜欢钱，我们可以把收益矩阵写成：

	A	B
A	1∶0	0∶1
B	0∶1	1∶0

显然，我们都选择同样的行为不可能是稳定的，因为如果我知道你的行为，我将改变我的；同样的，我们各自选择不同的行为也不可能是稳定的，因为如果你知道我的行为，你将改变你的。因此，不存在稳定行为。这一问题不可能在理性行为中出现：如我们所见，你总是有着某种理性行为。

但是在一定程度上，可以通过允许选择个人行为和赌局（正如我们在讨论优势的时候所做的）来得到稳定行为。在这种情况下，一对稳定的行为（有时在混合策略里被称为“纳什均衡”）具备像以前那样的属性：如果你的行为是你针对我的行为的最佳反应，且我的行为是我针对你的行为的最佳反应，那么我们的行为就是稳定的。如果我们允许选择赌局，那么在配对的例子中就会出现一对稳定行为。显而易见，你和我各自选择赌局“以概率0.5选A，其余选B”是稳定的，实际上也是唯一的一对稳定行为。事实上，如果我们允许选择赌局，那么所有的策略问题都有稳定行为。

不仅是原先没有稳定行为的地方出现了稳定行为，而且现在新的稳定行为可以在原有的基础上继续出现。回想一下，在见面的例子里，可以把A重新解释为靠左行驶，把B重新解释为靠右行驶，存在两对稳定行为：我们都靠左行驶和我们都靠右行驶。但如果我们允许选择赌局，那么还有第三对稳定行为，即我们各自独立掷硬币，如果正面向上就靠左行驶，如果反面向上就靠右行驶：这是避免车祸的另一个解决办法。

如果在此新的意义上重新阐释稳定性，情况依然是：稳定行为是理性的。同样，这几乎可以直接从定义中推导得出。而且，并非所有成对理性行为都是稳定的。要明白这一点，回到动物的例子。收益矩阵如下：

	A	B	C
A	0∶7	2∶5	7∶0
B	5∶2	3∶3	5∶2
C	7∶0	2∶5	0∶7

显而易见，你和我都选择B是唯一的稳定配对，即使在我们

都可以选择赌局的情况下。但是，如我们所见，每个可能的行为都是理性的。

因此，稳定性的概念可能是有歧义的，比如可能存在多个稳定配对；或者是空洞的，比如可能不存在稳定配对，且我们不允许选择赌局；或者有些晦涩，比如唯一的稳定行为需要使用赌局。

一些扩展

如果把时间纳入考虑，情况就会有所改变。再次回到拍卖的例子。收益矩阵如下：

	A	B
A	1∶1	3∶0
B	0∶3	2∶2

假设现在我们必须各自连续两天而不是一次性作出选择。在第二天我们各自都知道对方在第一天所作的选择。现在你是从下列八个行为中进行选择：

如果我今天选A，那么你今天选A且明天选A

如果我今天选B，那么你今天选A且明天选A

如果我今天选A，那么你今天选A且明天选B

依此类推。（我的行为是类似的。）显而易见，你仅有的两个（对等的）理性行为是“如果我今天选A，那么你今天选A且明天选A”和“如果我今天选B，那么你今天选A且明天选A”。也就是说，不管我选什么，你都是今天选A且明天选A。因此没有重大变化。

现在假设我们各自连续一百天作出选择。你可能会觉得，在前面某一天值得选B，寄希望于这样可以培养我们之间的信任，从而我将开始选B，这对我们两人都有利。但是，你这么做完全是错误的。在最后一天，不存在培养信任的问题，所以我们各自将像我们只选一次那样作出选择，也就是说，我们各自选A。那么在第99天，也不存在培养信任的问题，因为我们各自都知道对方在最后一天的选择：再次，我们各自选A。重复这样的推论，每天我们将各自选A。同样没有任何改变。如果我们在任意有限的天数内作出选择，同样的逻辑都适用。

但是，如果我们在无限多的天数内作出选择，这样的逻辑就不成立，因为现在不存在开始推理过程的最后一天。事实上，如果我们无限地选择，我们每天各自选B，不仅对个人是理性的，而且对双方也是稳定的（尽管可能有其他稳定结果）。情况与有限重复时（因此也是与时间无关时）有了巨大改变。在有限重复时，我们每天各自选A是唯一的理性结果。

从这个结果中得出一般推论，我们可以说，虽然在有限重复的场景中，个人的理性行为不一定是集体理性的，但在无限重复的场景中，这种情况可能（尽管并非必要）成立。因此，无限重复可能将竞争转化为合作。这一结果是民俗的重要部分，因此它被称为“民间定理”。大卫·休谟（我们在第一章中已经提到过他）

注意到：

> 我学着为另一个人服务，并非因为我对他好，而是因为我预见到，他将会回报我，以期得到另一次同类服务，并且保持与我及他人之间的良好沟通。相应地，在我为他服务之后，他从我的行为中得利，他在预见到拒绝的后果之后，也将尽他的义务。

个体理性与集体理性之间的张力产生了许多混淆。其中一些体现在双胞胎的明显悖论中。有人声称，因为拍卖例子是对称的，你和我可以被看成双胞胎以同样方式进行选择。因为你知道这一点，所以你报低价：你知道我总是会做和你一样的事，并且我们都报低价好于我们都报高价。为对称性理论辩护的尝试常常是基于所谓的**海萨尼信条**，得名于诺贝尔经济学奖得主、哲学家约翰·海萨尼（生于1920年）。这一信条声称具有相同信息和经验的两个人将必然以同样方式行事。如果把经验界定为包括一切使人与众不同的特点，那么这一看似正确的信条（我将在下一章中继续讨论）就是同义反复的。但这一信条意义有多重要呢？你对这一信条以及上面提到的明显悖论应该有自己的观点。

在第四章里，我考虑了是否我们能借助无知面纱的设想对分配公平有所了解。我现在将借助一个类似的设想：**不确定性面纱**。无知面纱指假装不了解已经决定的事实，比如你是谁；而不确定性面纱指对尚未发生的事件真的缺乏了解，比如谁将会找到石油。假设你和我各自在寻找石油。我们都从零财富水平开始。如果我们都找到石油，或者都没有找到，我们各自得到同样的财富：在这两种情况下，财富分配的问题都不那么吸引人。试考虑只有一个人找到石油的情况。我们不知道谁发现石油，在这种情况下，发现的人将得到200万美元，而另一个人则一无所获。

我将假定我们各自只关心自己的所得，且都是风险厌恶的。为了作具体讨论，我将假定我们各自指派效用如下：

0美元	0
100万美元	4
200万美元	6

在我们开始之前，也就是，在不确定性面纱背后，我们可以单独选择接受一个再分配协议：任何发现石油的人将与另一个人平均分享收益。如果我们这样做，在其中一人发现石油的情况下，我们将各自确定得到100万美元，从而得到效用4。如果我们不接受这样一个协议，比如我们中任何一个人退出该协议，那么在其中一人发现石油的情况下，我们各自以同样的概率要么得到200万美元，要么一无所获，因此期望效用为3。收益矩阵如下：

	A	B
A	4∶4	3∶3
B	3∶3	3∶3

显然，你选择A或B是理性的；同样，我们都选择A或都选择B是稳定的。但是，对我们来说，A相比B占弱优势。因此我们有理由都选择A，从而接受分配协议。

有时候一些人声称，在不确定性面纱背后，每个人可能会选择一个财富再分配协议，这一事实可以支持在面纱一旦揭去后强制进行财富再分配的做法。但是，这一说法有问题。这一说法的另一种解释是：它只是提出了很明显的一点，即厌恶风险的人将自由选择在公道条款下进行投保。对此你应该有自己的解释。

小 结

战略选择涉及你从特定行为中进行选择，这些行为的结果取决于你、也取决于我的选择。

在给定概率下，你对于我的潜在行为（即我可能采取的行为）的最佳反应是某个能在这些概率下最大化你的期望效用的行为。

对于我的潜在行为，你的可信反应是你在相关概率下对此作出的最佳反应。

如果你的行为是你对于我的可信反应的可信反应，且我的可信反应是对你的可信反应的可信反应……反复依此类推，那么你的行为就是理性的。

不管我选择什么行为（或行为组合），如果没有其他行为能给你更高的（期待）效用，那么你的行为就是非劣势的。如果你的行为相比我的任何行为都不占劣势，且我的行为相比你的任何行为都不占劣势……反复依此类推，那么你的行为就是反复非劣势的。

当且仅当一个行为是反复非劣势的，该行为是理性的。

如果你的行为是对我的行为的最佳反应，且我的行为也是对你的行为的最佳反应，那么这对行为，包括你的一个行为和我的一个行为，就是共同稳定的。

如果一对行为是共同稳定的，那么这对行为中的每一个都是理性的，但可能出现每个行为是理性的，而配对却并非共同稳定的情况。

可能存在多对互不兼容的共同稳定行为，或者不存在任何一对稳定行为。

第六章

民主与独裁

我现在从对你个人选择的讨论转到对集体选择（你是其中一员）的讨论。

情 形

一个**集体**是至少包括三人的任意集合，比如家庭、俱乐部或国家：我将集中讨论由你、我和蒙莫朗西组成的三人旅行团。我们必须集体从包括确定选项的候选菜单中作出选择：我们这个特定的团体想要一起旅行，且必须从飞机、轮船和汽车三种交通工具中作出选择。我将假定我们每个人都是理性的（根据第二章中讨论的理性定义）。这意味着，每个人都对菜单选项有所偏好，并且确实能对选项排序。比如，我们的排序模式可能是：

你	**我**	**蒙莫朗西**
A	C	ABC
B	B	
C	A	

注意，允许持平的情况：尽管你和我各自只把一个选项列在首位，但蒙莫朗西把每一项都列在首位。

我将考虑集体选择如何反映其成员偏好。成员的个人偏好在决定集体选择时起作用的方式被称为集体的**规章**，它规定了集体根据其成员的所有可能偏好模式所作出的全部选择。对于规章，我们可以问两类问题：第一，它们是否以可接受的方式将个人偏好结合在一起？第二，它们所规定的选择是否令人满意？

可接受的规章

我将首先来谈论规章以可接受的方式将个人偏好结合在一起究竟意味着什么。也许最为人熟知的规章就是民主制度，又被称为**多数法则**：如果优先选择某个选项的人数和优先选择其他任何一个选项的人数至少一样多，那么集体就选择该选项。

一个明显的例子就是选举制度中的“简单多数投票制”。如果左派获得40%的投票，中间派和右派各获得30%的选票，那么左派当选。如果只考虑结合个人偏好的方式，多数法则没有任何让人明显不满意的地方（但我们将看到，它存在其他问题）。

但是，其他法则看起来没那么容易接受。试考虑**博尔达法则**，得名于海军军官兼政治理论家让·查理·德·博尔达（1733—1799）。这一法则规定每个人对完整菜单上的每个选项进行打分，分数等于打分的人认为菜单上比该选项差的选项数目；每个人的得分将被加总，最后集体选择得分最高的选项。

在选举框架下，这一法则被称为（某种形式的）比例代表制。

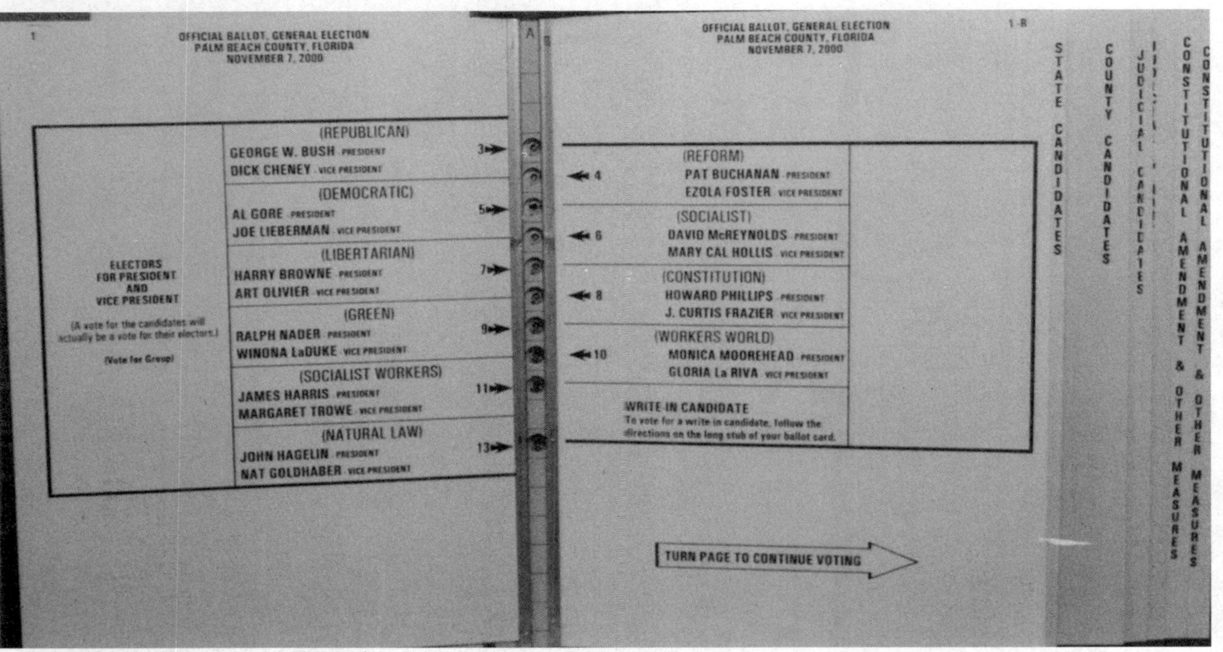

图14　一张选票：也是在棕榈滩县——神秘的"悬疑选票"的例子

博尔达不顾拿破仑·波拿巴的强烈反对，提出这一法则，希望能以此进行法兰西科学院的选举。要明白为什么拿破仑会如此恼怒，来考虑下面的例子。

博尔达例子

我们选择使用博尔达法则。偏好排序如下：

你	我	蒙莫朗西
A	C	ABC
B	A	
C	B	

我们必须在A和C之间作出选择，我们选择A：A得分为3，C得分为2，B得分为1。当我们的偏好排序换成如下方式：

你	我	蒙莫朗西
A	C	ABC
C	B	
B	A	

我们必须在A和C之间作出选择，我们选择C：C得分为3，A得分为2，B得分为1。

本例中的问题在于当偏好排序发生变化时，集体在A和C之间的选择发生变化，尽管没有人关于A和C的偏好发生变化：A和C之间的选择取决于我们对于无关选项B的排名。这看来无法让人满意。比如，假设因为暴风雨天气，我们从完整菜单中删去B，那么在博尔达例子的上面两种情况里，A和C之间的选择不同于当B还保留时。（B被删去时，上面两种情况下，最后选择都是A和C：它们各自得分为1。）为避免类似问题，我们可以要求集体关于某两个选项之间的选择只取决于其成员关于这两个选项的个人偏好。同样地，我们可以要求，当某个成员的偏好发生变化但没有影响到这两个选项的排序时，集体关于这两个选项的选择保持不变。这一要求被称为**独立条件**。

独立条件看起来是构成规章的最低要求之一。即使独立条件成立，还不能说已经万事大吉。

试考虑略显平庸的**字母表法则**：菜单选项以字母表顺序排列，集体选择在候选列表中排名最高的选项。显然，这一法则满足独立条件。但是，这一法则的问题之一在于它没有对称地对待选项。假定每个人都喜欢U胜过V，且喜欢Y胜过X。那么集体将在U和V之间选择U，但不会在X和Y之间选择Y，尽管每个人都是按照他们对U和V排序的方式对X和Y进行排序。为避免这一问题，我们可以要求，如果每个人对U和V排序的方式与他们对X和Y排序的方式一样，且集体从第一对选项中选择了U，那么也应该从第二对中选择X。这一要求被称为**中性条件**。中性条件强于独立条件。从定义可以直接看到，中性条件隐含独立条件。并且如我们所见，字母表法则显示，独立条件并不隐含中性条件。

现在我转向另一类潜在问题。字母表法则还有一个更严重的问题，即它不尊重全体一致：集体将从X和Y中选择X，即使每个人都喜欢Y胜过X。如果我们允许个人偏好起作用，那么当一致偏好出现却不受尊重的时候，就显得很奇怪。为避免这一问题，我们可以要求，如果每个人都喜欢某个选项胜过另一个，那么集体将在两个选项中只选第一个。注意，如果哪怕有一个成员认为两个选项是无差异的，我们就不要求第一个被选中，更不要求只选第一个。这一要求被称为**一致条件**。

这一条件看起来是构成规章的最低要求之一。即使它成立，我们也不能完全满意。试考虑**帕累托法则**，得名于经济学家威尔弗雷多·帕累托（1848—1923）：如果所有人都偏好某个选项，且不存在其他选项满足所有人偏好，集体将选择该选项。显然，这一法则满足一致条件。要明白这一法则有什么问题，试考虑下面的例子。

帕累托例子

我们选择使用帕累托法则。我们的偏好排序如下：

你	**我**	**蒙莫朗西**
A	B	A
B	A	C
C	C	B

在此排序方式下，我们复选A和B两个选项。如果我们的偏好排序变为：

你	我	蒙莫朗西
A	AB	A
B	C	C
C		B

此时我们还是复选A和B。

在本例中可能被认为出错的地方在于，集体选择并没有对个人偏好的变化作出积极反应。在第一种偏好模式下，选项A和B持平。在第二种偏好模式下，相对于A，B在我的排序中上升，而你和蒙莫朗西的排序保持不变，但A依然被选中。为避免这一问题，我们可以要求：（1）存在某种偏好模式，使得每个选项被选中，且（2）在其他人的偏好排序保持不变，而某个成员的偏好排序中一个选项相对于另一个选项位置上升的情况下，如果集体原先单选第一个选项，它继续单选第一个；如果原先复选两个选项，现在它单选第一个。这一要求被称为**响应条件**。响应条件强于一致条件。显而易见，响应条件隐含一致条件；且如我们所见，帕累托法则说明，一致条件并不隐含响应条件。

我们已经有了涉及个人偏好在集体选择中如何起作用的四个条件：中性条件及其弱化形式独立条件；响应条件及其弱化形式一致条件。我将把中性条件和响应条件称为**强条件**，把它们的弱化形式独立条件和一致条件称为**弱条件**。这四个条件在逻辑上是一致的：显而易见，多数法则满足全部四个条件。而且，两个弱条件是独立的，两个强条件也一样。很容易找到某个法则满足独立条件但不满足一致条件，或者另一个法则满足一致条件但不满足独立条件。同样地，很容易找到某个法则满足中性条件但不满足响应条件，或另一个法则满足响应条件但不满足中性条件。

合理规章

到目前为止，我只讨论了关于规章的第一个问题：它们是否以可接受的方式将个人的偏好结合在一起？我现在来讨论第二个问题：它们列出的选择是否让人满意？我将这样来处理这个问题：我将问，是否它们所作的选择（根据第二章中的定义）是合理的，或者理性的。具体来说，我们是否能概述下列规章的特征：这些规章能满足不同条件，能作出合理的，或者在可能的情况下，理性的选择。

在这么做之前，我将离开主题来简短讨论多数法则（既然它是如此众所周知）：对于某个选项来说，如果将该选项排名最高的人数至少和将其他任何一个选项排名最高的人数一样多，那么群体将选择该选项。如我们所见，多数法则满足强条件。它同时满足另一个要求：人们被对称对待，也就是说，如果两个人交换他们的排序，集体选择将保持不变。这一要求被称为**匿名条件**。确实，多数法则不仅满足这三个条件，而且它是唯一做到这一点的法则。于是，我们得到一个完整的概述：当且仅当一个规章采用多数法则时，它满足中性条件、响应条件和匿名条件。

这一概述也许是完整的，但是它能吸引别人注意吗？答案很清楚，不能。因为这一法则不仅可能无法作出理性的甚至只是合理的选择，它还可能无法作出任何选择。要明白这一点，来考虑下面的例子。

多数的例子

我们选择使用多数法则。当我们的排序如下时：

你	我	蒙莫朗西
A	C	B
B	A	C
C	B	A

没有我们可以选择的选项：我们中有两人把A列在B之上，所以我们不能选B（无论是单选或是和其他选项一起复选）；有两人把B列在C之上，所以我们不能选C；有两人把C列在A之上，所以我们不能选A。

这不是个小问题：试回想第一章中的讨论，不选择任何选项（与选择某个标明“一无所有”或“现状”的选项正相反）是没有意义的。那么，多数法则可能是空洞的。如果我们需要一个能确保有效的法则（更不用说产生理性的，或者哪怕合理的选择），我们必须进一步考察。

我将从规章产生合理选择的要求开始。我们知道如果我们需要集体选择是合理的，那么我们不能同时要求满足强条件和匿名条件。因为唯一满足这些条件的法则是多数法则，而它是不合理的。那么我们必须放宽某些条件。我将首先来看，如果我们用弱条件替换强条件，会有什么结果，然后再考虑如果我们放弃匿名条件会有什么结果。（我甚至都不考虑放弃弱条件的最低要求。）

要弄清如果我们用弱条件替换强条件会有什么结果，让我们回到帕累托法则：如果所有人都偏好某个选项，且不存在其他选项满足所有人偏好，集体将选择该选项。正如我所提到的，这一法则显然满足一致要求。同样，它显然也满足独立条件和匿名条件。但这一法则合理吗？试回想，第二章中曾提到，如果存在某个"至少一样好"关系使得被选中的选项至少和其他选项一样好，那么选择是合理的（如果这一关系具有传递性，选择就是理性的）。在帕累托法则下，其实存在这一关系：如果每个人都偏好第一个，那么该选项好于第二个；如果两个选项中，没有哪个相对另一个是所有人一致偏好的，那么这两个选项无差异。

我们或许可以注意到在本例中这一关系并非传递性的，所以集体选择不是理性的。要明白这一点，回到帕累托例子，在其中（初始）排序如下：

你	我	蒙莫朗西
A	B	A
B	A	C
C	C	B

这里我们从A和B两个选项中复选A和B，从B和C两个选项中复选B和C，但只从A和C中单选A。因此，“至少一样好”关系如下：

A和B无差异

B和C无差异

A好于C

显然这不具备传递性。

但是，帕累托法则的确能产生合理选择，并且满足各种条件。其实，反之也成立。我们有了完整的概述：当且仅当产生合理选择的规章采用帕累托法则时，它满足独立条件、一致条件和匿名条件。

要了解如果我们放弃匿名条件但保留强条件会产生什么结果，我将引入“首领”的概念。如果集体总是选择你排名最高的选项，并且只选择你所选的这些选项，除非其他人都将另外一些选项排名最高（在此情况下集体也复选其他人的选择），那么你在该规章下就处于首领位置。具有首领（他必须是唯一的）的规章称为**首领制的**。下例说明这样一种制度。

首领制例子

我们选择使用首领制，你是我们的首领。我们的偏好排序如下：

你	我	蒙莫朗西
A	C	B
B	A	C
C	B	A

当我们必须在A和B之间选择时，我们选A，因为你将A排名最高，而我们其他两人并没有一致将B列在A之上；当我们必须在B和C之间选择时，出于类似原因，我们选B；当我们必须在A和C之间选择时，我们复选A和C，因为你将A排名最高，而我和蒙莫朗西都将C列在A之上。当我们必须从完整菜单中选择时，我们选择A，因为你将A排名最高，而我和蒙莫朗西并没有一致将某个选项列为最优。

注意在本例中集体选择是合理的。“至少一样好”关系如下：

A好于B

B好于C

A和C无差异

但是，这一关系不具备传递性，所以集体选择同样不是理性的。总体来说，由首领制法则规定的选择可能是合理的，但不能保证是理性的。

我们现在可以说明，如果我们保留强条件结果将会如何。情况不容乐观：任何产生合理选择且满足中性条件和响应条件的规章必定是首领制的。

如果我们要求集体选择是合理的（这个要求其实是必须的），我们没有太多余地。如果我们想保留匿名条件（以及弱条件），我们只有采用帕累托法则；如果我们想要保留强条件，我们只有采用首领制法则。帕累托法则在它有效的范围内不容置疑，但它只涉及很小范围：除非是在所有人都一致同意的情况下（这不太可能），否则帕累托法则总是从一对选项中同时复选两者，这没有太大帮助。首领制法则却能应对多数情况：它们总是只选择一个选项。但是，如果你不是首领，你愿意在这样的法则下生存吗？

理性规章

我现在来考虑如果我们强化要求，把集体选择是合理的，改为是理性的，会有什么结果。要满足这一强化要求，我们不得不放宽强化条件中的一个或者同时放宽两个。因为唯一满足强条件并产生合理选择的制度（即首领制），无法保证产生理性选择。我将做得彻底，用弱条件来代替两个强条件：留给我们的就是作为可接受规章的绝对最低要求。

要了解在此情况下会有什么结果，我将引入独裁者的概念。在某个规章下，如果集体总是恰好选择你排名最高的那些选项，那么你就是独裁者。有独裁者（他必定是唯一的）的规章称为**独裁的**。显然，独裁者是某种首领，但一个首领不一定是独裁者。独裁制规章的例子，最明显的莫过于集体选择总是和你的选择一样的情况：因为你是理性的，这一法则也产生理性选择。

我们现在可以来看，如果我们只要求最低的弱条件，会产生什么结果。情况更糟糕：任何产生理性选择，且满足独立条件和一致条件的规章必定是独裁制的。

这一结果被称为“阿罗不可能定理”，得名于诺贝尔经济学奖得主、哲学家肯尼斯·阿罗（生于1921年）。它被称为不可能定理，因为它可以被解释为规章不可能同时具备四个属性：理性、独立性、一致性和非独裁性。这是选择理论最为根本但也最让人烦恼的结果之一。它暗示，所有关于“国家利益”的言论都是空谈（除非众人一致同意，但这种情况不太可能发生。在一致同意的情况下，不可能定理就是多余的）。

不可能定理和本章所阐述的其他概念之间的联系如下图所示：

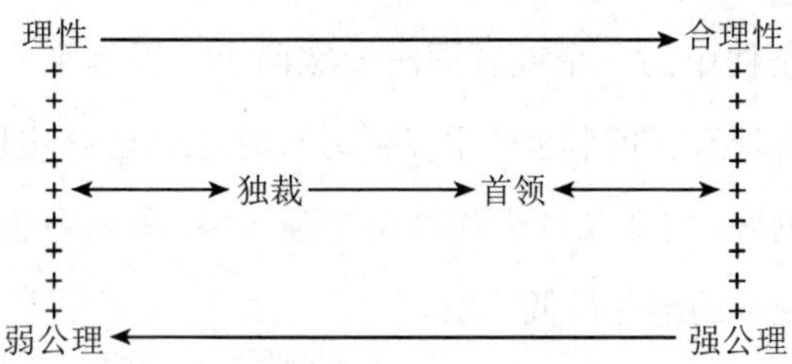

图15　集体选择示意图：加号表示结合，双箭头表示对等，单箭头表示隐含

因为不可能定理的中心地位，也为了说明选择理论中所使用的这类论证方式，我将给出证明（仅此一次）。如果对此不感兴趣，你完全可以忽略论证过程，跳到这部分的结尾。

证明包括四个阶段。策略是假定理性、独立性（这一属性只是隐含的)、一致性和非独裁性同时成立,然后说明随之产生的自相矛盾。矛盾意味着不可能同时具备所有属性。

第一,如果集体里存在这样一部分人的集合,每当集合里的人都选择第一个选项,而集体里其余人选择第二个选项时,集体只单选第一个,那么我把该集合称为对这两个选项是**有效的**。我将证明如果某个集合对于一对选项产生有效影响,那么它对所有成对选项都产生有效影响。假定某个集合对于成对选项U和V有影响,试考虑如下偏好排序,包括集合中的所有人和其他所有人:

集合	**其他**
X	V
U	Y
V	X
Y	U

因为一致性,集体从X和U之中单选X;因为集合对于两个选项具有有效影响,集体从U和V之中单选U;因为一致性,集体从V和Y之间单选V。然后,它从X和Y之中单选X,因为选择是理性的。因为集合里所有人都喜欢X胜过Y,而其余所有人都喜欢Y胜过X,这意味着集合对于X和Y具有有效影响。因为X和Y是任意的,所以集合对所有成对选项产生有效影响。

第二,如果集体中存在一部分人的集合,对于所有成对选项,每当集合里的所有人都偏好第一个选项时（不管集体里其他人的偏好），集体在成对选项中都单选第一个选项，那么我将把该集合称为**决定性的**。我将证明如果（对于任何成对选项）某个集合是有效的，那么它就是决定性的。假定某个集合是有效的，考虑下列三个选项的偏好排序，包括集合中的所有人和其余所有人：

集合	**其他**
X	Y
Y	X\Z
Z	

其中X\Z指X和Z可以任意排序。因为集合是有效的，集体在X和Y之间单选X；因为一致性，它在Y和Z之间单选Y。那么它在X和Z之间单选X，因为选择是理性的。既然集合中的每个人喜欢X胜过Z，且其他所有人可以对X和Z任意排序，那么该集合就是决定性的。

第三，我将证明，如果集合不是决定性的，那么向集合中再增加一个人也不会使它变为决定性的。因为只含一个人的集合不可能是决定性的，否则那个人就是独裁者，所以必然存在一些非决定性集合。选择某个这样的集合以及某个不在集合内的人，来考虑以下偏好排序方式，包括集合内的所有人、特定的那个人和其他所有人。

集合	个人	其他
X	Z	Y
Y	X	Z
Z	Y	X

因为那个人不是决定性的，集体不能在Y和Z之间单选Z，因此它在Y和Z之间选Y，但不一定单选。因为集合不是决定性的，集体不能在X和Z之间单选X，因此它在X和Z之间选择Z，但不一定单选。因为集体的选择是理性的，那么它在X和Y之间选择Y，但不一定单选。既然在原始集合增加一个人后所得到的扩大集合中每个人都喜欢X胜过Y，那么扩大集合就不是决定性的。

第四，我将证明存在矛盾。如果我们向非决定性集合中增加足够多次数的个人，我们得到作为一个非决定性集合的整个集体。但是因为一致性，整个集体必然是决定性的。这一自相矛盾的结果说明，不可能同时具备四项属性：理性、独立性、一致性和非独裁性。证毕。

一些扩展

对不可能定理最明显的批评是它没有考虑“偏好强度”：我喜欢X胜过Y和你喜欢Y胜过X被认为是一样的，尽管对我来说是否拥有X无所谓，但对你来说是否拥有Y就是生死攸关的事。这是独立条件所造成的结果之一，即集体在两个选项X和Y之间的选择只取决于个人对于X和Y的偏好。这一条件包括两部分：第一，集体选择并不取决于个人对于X或Y和其他选项之间的偏好排序；第二，除偏好排序以外，它不取决于个人对于X和Y的其他任何态度。特别是，不取决于他们的偏好强度或效用。

在博尔达例子的框架下，我们已经为第一部分作了辩护。在那个例子里，在两个选项之间作选择取决于除了这两个选项，在完整菜单上还有哪些其他选项。但是其他选项是任意的。如果我们不清楚是否有驴子，我们要不要把骑驴旅行列入菜单？我们要不要把借助某种尚待研究的技术进行旅行列入菜单？如果要，我们该如何详细说明这些尚待研究的技术？

表面看来，第二部分似乎无足轻重：我们在第二章中已经知道偏好和效用可以相互转换。如果我们用效用的概念来重新阐释不可能定理而不作进一步限制，该定理继续成立，这一点并不奇怪。但如果我能以某种方式限制效用的概念，使得你的效用和我的效用在某种意义上可以衡量且相互比较，也就是说如果我们把偏好强度纳入讨论范围，那么不可能定理就不再成立。比如，规章可以规定，集体选择使总效用最大化的选项。显而易见，这一选项是理性的，满足一致条件、独立条件的第一部分以及非独裁性。集体选择的这一方法被称为功利主义："最大多数人的最大幸福。"它最早由哲学家杰里米·边沁（1748—1832）提出。我将在讨论分配公平的部分再回到这一方法。

不可能定理并非集体选择这一领域所获得的唯一分配结果。我将简单介绍另外两个结果，它们分别涉及自由主义和操纵。

自由主义意味着我们每个人都应该有受到保护的领域。比如，在你承诺不和我们其他人讨论任何你所读内容的情况下，在旅途中你想读休谟还是康德，完全取决于你自己。让我们把原来的三个选项飞机、轮船和汽车替换为下列六个选项：

飞机且你读休谟

飞机且你读康德

轮船且你读休谟

轮船且你读康德

汽车且你读休谟

汽车且你读康德

自由主义意味着你将完全独立自主地在选项“飞机且你读休谟”（简称“飞休”）和“飞机且你读康德”（简称“飞康”）之间作出选择。更确切地说，它意味着你对这对选项具有决定性，也就是说，在其他相关成对选项具有相似条件的情况下，如果你偏好“飞休”，集体就选择“飞休”；如果你偏好“飞康”，集体就选择“飞康”。作为最低要求，自由主义至少可以给两个人受保护的领域。（注意，即使在独裁制下，也有一个人有受保护领域。）如果至少有两个人各自对于至少一对选项具有决定性，那么该规章满足**自由主义条件**。这其实是最低要求：在确保讨论有意义的情况下，只有最少数的人被要求具有受保护领域，且每个人所获得的都是最小领域。

令人烦恼的结果是，自由主义几乎与其他一切都不相容：没有规章能产生满足一致条件和自由主义条件的合理选择。注意，我们只假定合理性，而不是理性，且只要求具备两个弱条件之一。

第二个让人烦恼的结果在本质上更为实际。众所周知，在选举中人们可能会策略性投票。也就是说，即使他们喜欢左派胜过中间派，他们也可能会投票给中间派以便将右派排斥在外。这样的操纵是否只和特定的选举过程相关？还是说它到处都存在？试回想，规章规定了成员偏好决定集体选择的方式。现在既然出现操纵的可能，我们需要一个类似的概念。**投票机制**规定了成员表达出来的偏好决定集体选择的方式；这些表达的偏好可能是真实的，也可能是虚假的。如果对于某个真实偏好的模式来说，在其他人都报告他们真实偏好的情况下，至少存在一个人可以通过报告不同于他本人真实偏好的信息来获得一个更好的选项，这时投票机制便是**可操纵的**。（同样，如果根据第五章中提出的稳定概念，每个人都表达他们真实偏好的做法是不稳定的，那么投票机制就是可操纵的。）

让人不安的结果是，所有的投票机制都可以有效操纵：确切地说，每个非独裁的投票机制都是可操纵的。注意，甚至不需要弱条件：投票过程本身就有缺陷。

这样，所有的集体选择必定要么是独裁的，要么违背某些最基本的要求；在极端情况下必定是不自由的，且易受到操纵。面对这些糟糕的情况我们该如何作出反应？一个自由论者的反应可能是为个人提供尽可能多的选择，只有在不可避免时才集体作出选择。一个独裁论者的反应可能是将权利交给一个具有家长式作风的独裁者，一个柏拉图式的“哲人王”。第三种反应是关注什么是“正确的”而不是什么是“好的”，前者并不受人们观点的影响，而后者却取决于人们的观点。但这些仅是三种可能的反应。和之前一样，你应该作出你自己的反应。

在结束这一部分之前，我注意到集体选择的形式框架也可以被用来探讨个人选择的某些方面。假设你要选择某种职业：建筑师、银行家或牧师。每个职业中有多项品质是你所关心的：收入、灵活性、满意度。你按照对每种属性的需求度来排列这三项可能的职业，例如：

收入	**灵活性**	**满意度**
B	C	C
A	A	A
C	B	B

你感觉你的选择应该满足两个要求：第一，你在两种职业间的选择应只取决于这两项的不同排序情况（类似于独立条件）。第二，如果根据所有品质，某项职业排名高于另一项，那么你应该选择该项职业（类似于一致条件）。不可能定理告诉我们，如果你作出理性选择，你将忽略除一项品质外的所有其他品质（类似于独裁性）。同样，这不是个让人满意的结果。

一些进一步的扩展

如果把时间纳入考虑，形式上不会产生重大变化。但是，在解释方面，时间因素的介入可能会产生轮流独裁者。不可能定理告诉我们，唯一能够产生理性选择且满足独立条件和一致条件的规章是独裁制。独裁制的问题在哪里？在于独裁者可以压制所有其他人。但如果独裁者不固定，而是无限轮转，结果又会如何：如果今天你当独裁者，明天换我当，这样一直轮换会怎么样？你想要压制我的时候就会很小心，因为你知道我以后也会压制你，风水轮流转。第五章中提出的民间定理适用这个例子。在战略选择的框架下，民间定理告诉我们，无限重复将竞争转化为合作；在集体选择的框架下，它告诉我们，无限轮换将压迫性的独裁转化为仁慈的独裁。这样的轮换制的一个例子是欧盟宪法，它规定对会议议程具有实际独裁权的主席按事先约定的六个月任期轮换。注意，在民主制中不可能出现轮换：很多人可能成为独裁者，但只有一个集合能被称为“多数人”。在民主制下，压制少数人总是符合多数人利益的。对乡间运动的禁令就是一个例子。

我现在将回到财富分配的部分。在形式上，我们可以通过把不同的菜单选项阐释为不同的财富分配方式，从而将分配公平的问题用集体选择的框架来表述。但是，作为一种阐释，这将混淆人们的偏好和价值。你的偏好可能是想要实现你自己财富的最大化；而你的价值观则认为财富应该平均分配。集体选择反映人们的偏好；分配公平则期待反映人们的价值观。但是，如果我们真的以这样的方式来阐释分配公平问题，那么不可能定理告诉我们，没有可接受的方法能在不同分配方式之间作出选择：没有理由进行再分配。

不管我们是否把分配公平放在集体选择的框架里进行讨论，两者之间显然存在联系。正如我所提到的，如果我们所使用的效用既可以衡量，又可以进行人际比较，那么不可能定理就不成立。并且，正如我们在之前各章里反复见到的，赞成再分配的观点潜在地或公开地依赖于效用的可衡量性和可比较性：我们应该再分配财富，把你的一部分给我，因为我比你更贫困（罗尔斯的差异原则，见第四章），或者因为我“得到的”比你“失去的”更多（边沁的功利主义）。正如经济学家肯尼斯·宾默尔（生于1940年）所指出的：

> 如果真的无法做到人际效用比较，那么我认为在理性伦理学方面著书立说就毫无意义。正如哈蒙德、海萨尼及其他许多人所坚持认为的，在那种情况下伦理学将成为缺乏具体内容的学科。

也许为取得可衡量、可比较的效用所作的最合乎逻辑的尝试是**理想观察者的构想**。这归功于约翰·海萨尼，我们在第五章中已经提到过他。想象一下，你身处第四章中所提到的无知面纱的背后，也就是说你处于“原初状态”。你知道候选菜单上有哪些选项，但你不知道自己的角色。比如，你知道整个集体将以乘飞机、轮船或汽车的方式去旅行，但不知道你将身处你自己、我还是蒙莫朗西的位置。在面纱背后你对**选项-角色对**具有偏好，也就是说，对于选项和角色的结合具有偏好。这意味着你可以比较"乘飞机旅行且扮演你自己的角色"（简称"飞你"）和"坐船旅行且扮演我的角色"（简称"船我"），依此类推：你可能喜欢"飞你"胜过"船我"，或者喜欢"船我"胜过"飞你"，或者觉得两者无差异。这些偏好是你的**移情偏好**。它们和你本人的偏好不同，后者只是就坐飞机、船或汽车旅行作简单比较。

尽管你不知道你将身处的角色，但你知道可能性有多大。那么既然你是理性的（根据第三章中的定义），你为角色和基础效用指派概率，来代表你对选项-角色对的移情偏好。比如，你可能指派基数效用如下：

飞你	4
飞我	2
船你	1
船我	0

你指派给"飞你"的效用大于"船你"的效用，我们可以将效用差额解释为你从乘船旅行改为乘飞机旅行所获得的额外效用，其余效用差异依此类推。在本例中，你从乘船旅行改为乘飞机旅行所获得的额外效用（等于3）大于我作类似转变时所获得的额外效用（等于2）。这可能反映了这样的事实，即你晕船，而我不

会。此外，正如我们从第三章的讨论中已经知道的，不管你怎样指派基数效用，你的额外效用都大于我的。看起来似乎我们已经可以用某种有意义的方式来比较你我的效用。

但是，我们还做不到这一步。我们刚才进行的人际效用比较实际是你的比较：它源于你的移情偏好。蒙莫朗西的比较可能完全不同：基于他的移情偏好，你的额外效用可能少于我的。为克服这一问题，我们必须求助于海萨尼信条，我们在第五章中已经遇到过。这一信条声称，具有相同信息和经验的两个人必然以同样方式行事。在面纱背后，你和我具有相同的信息，且都被剥夺了所有经验。相应地，我们具有相同的移情偏好，因此作出相同的人际比较。最后，我们得以用某种有意义的方式对你我的效用进行比较。我们可以使用这一信息摆脱不可能定理的束缚；我们还可以用它来为财富再分配辩护。

更确切地，我们可以说，总效用将可以通过以下财富再分配方式来增加：把财富从那些具有低边际效用的人（通常被认为是富人）转到那些具有较高边际效用的人（通常被认为是穷人）手里。在这种情况下，财富再分配不会造成总财富的变化。（至于这是否得到任何伦理支持则是另一回事。）但是，我们到目前为止还不能讨论更为有趣的情况，即不同的财富分配方式涉及不同的财富总额。这种情况可能出现在财富分配需要我们参与以及一些分配方式相比另外一些能为我们的参与提供更多激励的时候。为了更好地说明这种情况，我们必须进一步来讨论。

我们必须作出两个进一步的假定。第一，你认为每个角色都以均等概率出现。这意味着，如果有n个角色，你指派给其中每一个的概率就是1/n。第二个假设被称为**接受原则**，即当你身处我的角色时，你对于这些选项–角色对的移情偏好和我对于相应选项的个人偏好是完全一致的：比如，当且仅当我喜欢“飞机”胜过“轮船”的时候，你喜欢“飞我”胜过“船我”。

在无知面纱背后，你作出理性选择（根据第三章中的定义）：你选择能使你的期望效用最大化的选项。在计算时，相关的概率是指派给每个角色的概率，相关的效用则是在通常移情偏好下指派给每个选项–角色对的效用。因为第一个假设，这些概率都是1/n。因为第二个假设，我们可以用每个人在具备相关角色下的个人偏好时指派给每个选项的效用来代替这些效用。那么期望效用最大化就意味着总（个人）效用乘以1/n，这和总效用最大化是一样的。这就是功利主义：财富分配应使总效用最大化。

对这一构想一个直接的批评在于，选择是可观察的（至少在原则上），但偏好不是：你通过问自己在两个选项之间会选择哪一个来决定你对它们的偏好。即使是在思维实验里，也不清楚你将如何在“乘飞机旅行且身处你自己的角色”和“乘船旅行且身处我的角色”之间作出选择。与此相关，海萨尼信条很难得到证实。为什么不能是这样：不管你身处哪个角色，你喜欢乘飞机旅行胜过乘船（比如，因为航空业创造更多就业机会）；而不管我身处哪个角色，我喜欢乘船旅行胜过乘飞机（比如，因为船产生更少污染）？

我们也可能注意到，即使有理由支持财富再分配，使得财富从具有低边际效用的人转到具有高边际效用的人那里，这本身并不能支持从富人到穷人的财富再分配。如果富人具有更高边际效用（比如，因为极度贪图奢华，或者像瑞顿一样对海洛因上瘾），这将要求从穷人到富人的再分配。

而且，即使这一构想理由充足，它也只能用于研究人们选择什么以及什么是“好的”，而不能用于研究什么是“对的”。某个再分配方案将增加效用这一事实（如果确实存在的话），本身并不能为财富从你那里转到我这里提供任何伦理支持。另一个立场我们在第四章中已经遇到过：如果一种分配是自愿行为的结果，而不是出于其他任何理由，那么它就是公正的。

如我们所见，宾默尔是理性观察者构想的支持者。在对此进行仔细审视之后，他总结道：

> 如果要得到在不同个人间进行效用比较的共同标准，我们没有选择，只有依赖被考察的社会中某种现存的测量意见一致性的方法。海萨尼勇敢地试图论证原初状态所处的环境创造了这样一个标准，但当我仔细审视之后，发现他的说法完全没有说服力。

如果存在某个“社会中现存的测量意见一致性的方法”，那么就不需要作人际比较；如果不存在这样的方法，那么在为人际比较作辩护时，构造理想观察者的做法帮助不大。[我们顺便提一下，如果宾默尔在这两点上都对了，那么“伦理学（就是）一门缺乏实质内容的学科”。]

你必须对理想观察者这一争议话题持有自己的观点。如果你感到满意，那么不可能定理就不再成立；而且，也有理由进行再分配。如果你不准备接受这一点，那么要么你得找到更好的证据为人际比较提供支持；要么你就接受不可能定理，忘记再分配。

最后，注意本书中对分配公平的讨论只关心选择理论是否能为再分配提供支持。理论为再分配提供很少支持这一事实并不意味着没有其他支持再分配的论证（尽管事实上大多数严肃的试图支持再分配的尝试都基于选择理论）。此外，本书中的讨论只关心强制再分配：它没有涉及自愿再分配的任何内容。回到我们在第一章中的起点，“选择我自己遭受惨痛损失以避免一个印第安人最轻微的不便，这样做并非违背理性”。

小　结

集体选择研究规章的属性。所谓规章，指的是成员偏好在决定集体选择时起作用的方式。

独立条件要求，在个人偏好发生变化但个人对于两个选项的偏好排序不发生改变时，集体在这两个选项间的选择不发生变化。

中性条件要求，如果每个人对选项U和V排序的方式与它们对选项X和Y排序的方式是一样的，且集体从第一对中选择U，那么它也将从第二对中选择X。

一致条件要求，如果每个人都喜欢第一个选项胜过第二个，那么集体从两个选项当中单选第一个。

响应条件要求，（1）存在某种偏好模式，使得每个选项都被选中，并且（2）如果在其他人的偏好排序不变的情况下，某个人的排序中第一个选项相对于第二个选项排名上升，那么如果集体本来选择第一个选项，它就继续选择第一个；如果本来复选两个选项，它现在单选第一个。

中性条件强于独立条件；响应条件强于一致条件。

如果集体总是选择某个特定的人（首领）排名最高的选项，且只选择这些选项，除非其他所有人都将另一些选项排名最高（在这种情况下，集体也将选择另外这些选项），那么该集体所用的规章就是首领制的。

任何产生合理选择，且满足中性条件和响应条件的规章必定是首领制的。

如果集体总是严格选择某个特定个人（独裁者）排名最高的选项，那么该集体所用的规章就是独裁制的。

任何产生理性选择且满足独立条件和一致条件的规章必定是独裁制的。

术语表

字母表法则：菜单选项按照字母表顺序排列，集体选择所有选项中排名最靠前的选项。

一致条件：它要求，如果两个人交换他们的偏好排序，那么集体选择保持不变。

最佳反应：在给定概率条件下，你对于我的潜在行为的最佳反应就是能使你的期望效用在给定概率下实现最大化的行为。

博尔达法则：每个人对完整菜单上的每个选项进行打分，分数等于他认为菜单上不如该选项的选项数目；这些个人得分将被加总，最后集体将选择具有最高总得分的选项。

基数效用：用于期望效用属性的效用；或者说，只有当变换呈线性时才保持其代表属性不变的效用。

确定性对等物：一个金钱赌局的确定性对等物是一定数额的金钱，如果你可以确定获得这笔钱，你将认为它和赌局无差异。

复合赌局：一个回报也由赌局构成的赌局。

规章：一个集体的规章规定了其成员的偏好在决定集体选择时起作用的方式。

连续条件：它要求，如果你喜欢第一个赌局胜过第二个，且喜欢第二个胜过第三个，那么必定存在第一个赌局和第三个赌局的某种混合方式，使得你认为该混合赌局与第二个赌局无差异。

缩约条件：它要求，如果你从一个菜单中选择某个选项，那么当削减后的菜单依然保留该选项时，你从削减后的菜单中同样选择该选项。

决定性的：对于包含在集体中的某个集合来说，如果对于所有的成对选项，任何时候只要集合中所有人都选择第一个选项（不管集体中其他人的偏好如何），集体就单选第一个，那么该集合就是决定性的。

简化赌局：只有一个（确定）回报的赌局。

独裁的：如果集体总是选择某个特定个人（独裁者）排名最高的选项，那么该集体的规章就是独裁的。

分配正义：决定好的或正确的财富分配方式的原则。比如，将不平等现象最小化的原则，或者，要求财富分配必须出于自发行为的原则。

有效的：对于包含在集体中的某个集合来说，如果对于一对选项，任何时候只要集合里所有人都选择第一个选项而集体中其他人都选择第二个选项，集体就单选第一个选项，那么就称该集合对于这对选项是有效的。

移情偏好：对于选项-角色对的偏好。

扩展条件：它要求，如果你在与所有其他选项作成对比较时都选择了某个选项，那么你从完整菜单中也将选择该选项（尽管不一定单选）。

期望效用：一个赌局的期望效用可以通过如下方式计算：将每一种回报的效用分别乘以相应的概率，并将所得数字相加。

期望效用属性：如果当且仅当某个赌局具有更高期望效用时，你喜欢该赌局胜过第二个，那么你对于该赌局的偏好就具备期望效用属性。

期望价值：将一个金钱赌局的每一种回报分别乘以相应的概率，并将所得数字相加，就得到该赌局的期望价值。

可以由偏好序列来解释：如果你的选择可以由某个具备传递性的偏好关系来解释，那么它就可以由偏好序列来解释。

可以由偏好关系来解释：如果对于某个"至少一样好"关系，你从菜单中选择的正是那些与剩余选项相比至少一样好的选项，那么你的选择就可以由偏好关系解释。

公道：如果某个赌局的期望价值为零，那么该赌局就是公道的。

集体：一个集体是至少包括三人的集合。

海萨尼信条：声称具有相同信息和经验的两个人必然以同样方式行动。

理想观察者的构想：在无知面纱作用下所作的选择，即知道菜单上包括哪些选项以及存在哪些角色，但不知道你自己将处于哪一个角色。

公正条件：它要求，如果你在某个状态下喜欢第一个赌局胜过第二个，那么你在所有状态下都偏好第一个赌局。

独立条件：它要求，集体在两个选项之间的选择不会因为任何个人偏好的改变（只要他对两个选项的排序没有变化）而发生改变。

选项–角色对：选项和角色的结合。

反复非劣势：如果你的行为相比我的任何行为都不占劣势，而我的行为相比你的任何行为也不占劣势，依此类推，不断反复，那么你的行为就是反复非劣势的。

自由主义条件：要求至少有两个人各自对至少一对选项具有决定性。

线性的：如果效用乘以或除以任何正数，或者加上或减去任何数，那么效用就是在作线性变换。

多数原则：如果将某个选项列为首选的人数至少和将其他任何一个选项列为首选的人数一样多，那么集体将选择该选项。

可操纵的：如果对于某个真实偏好模式，在其他人都如实表达偏好的情况下，至少存在一个人可以通过表达不同于他的真实偏好的虚假信息来获取更好的菜单选项，那么该投票机制就是可操纵的。

边际效用：指每一新增单位财富带来的额外效用。

菜单：必须从中进行选择的一系列选项，规定必须至少选择其中的一个选项。

混合赌局：由赌局X和赌局Y所组成的混合赌局，它的回报包括X和Y的所有回报；与X的回报相关的概率等于原始概率乘以X在混合赌局中的权重；用类似算法可以得到Y的回报。

更厌恶风险：如果我愿接受你所接受的任何赌局，但反之则不成立,那么你比我更厌恶风险。

中性条件: 它要求,如果每个人对U和V排序的方式与对X和Y排序的方式相同,且集体从第一对选项中选择U,那么它也应该从第二对中选择X。

序数效用: 当效用在以任何增加的方式进行变换时,依然保持其代表属性,则称其为序数效用。

成对: 如果你的菜单只包括两个选项,且你从中选择了第一个(不一定是单选),那么就称你在成对选择中选了该选项。

帕累托法则: 如果集体中所有人都选择某个选项,且没有其他选项是所有人都偏好的,那么集体就选择该选项。

首领制的: 如果在某个规章下,集体总是选择某个特定个人(首领)排名最高的那些选项,并且只选择那些选项(除非集体中其他人都将另外的某些选项排名最高,此时集体也将选择这些选项),那么该规章就是首领制的。

收益矩阵: 收益矩阵的行对应你的可能反应,列对应我的可能反应。每行每列的条目是结果,格式是你的效用在前,我的效用在后(如果你选择行的行为,我选择列的行为)。

可信反应: 对于我的潜在行为,你的可信反应是你对于相关的一些概率的最佳反应。

潜在行为: 你的潜在行为是所有你可能会选择的行为。

偏好序列: 具有传递性的偏好关系。

偏好关系: 它规定,对于菜单上的任意两个选项,是否第一个至少和第二个一样好,或者第二个至少和第一个一样好(或者两种说法都对)。

偏好: 即偏好序列。

接受原则: 它声称,你对这些选项-角色对(在其中你扮演我的角色)的移情偏好等于我对于相应选项的个人偏好。

概率: 一个结果的概率是在0至1之间的一个数字,表明该结果的可能性。

概率赌局: 一系列可能获得的回报,各自带有一定的出现概率。

理性(行为): 如果你的行为是对于我的可信反应的可信反应,同时我的可信反应又是针对你原来的可信反应所作出的,依此类推,那么你的行为就是理性的。

理性(选择): 你的选择(在确定条件下)如果满足显性条件,那么就是理性的。

理性(偏好): 如果这些偏好同时满足替换条件和连续条件,那么你对于赌局的偏好是理性的。

合理的: 如果选择满足缩约条件和扩展条件,那么它就是合理的。

响应条件: 它要求,(1)存在某种偏好模式,使得所有选项被选中;(2)在其他人排序不变的情况下,如果某个人的排序中一个选项相对于另一个选项排名上升,那么如果集体最初选择了第一个选项,它将继续选择第一个;如果集体最初同时选了两个选择,此时它将单选第一个。

显性条件: 它要求,如果你在第二个选项有效的情况下选择了第一个选项，那么任何时候，若你选择了第二个选项，且第一个选项有效，你也必须选择第一个。

风险厌恶：在涉及赌局时，如果你喜欢确定条件下该赌局的期望效用胜过赌局本身，那么你就是风险厌恶的。

风险厌恶量度：你在某个财富水平上的风险厌恶量度等于你的效用曲线在该水平上的斜率递减幅度。

风险酬金：赌局的风险酬金等于它的期望价值减去它的确定性对等物。

更具风险：如果第一个公道赌局等于第二个再加上一个或多个公道赌局，那么第一个赌局就比第二个更具风险。总的来说，如果第一个赌局的风险部分（等于一个公道赌局）比第二个赌局更具风险，那么第一个赌局比第二个更具风险。

风险部分：赌局的风险部分等于该赌局的所有回报减去其期望价值。

状态：状态规定了所有与你的选择相关的因素，且你对这些因素并不确定。

状态赌局：一系列可能的回报，各自只有在相关的状态下才可能得到。

取决于状态的主观期望效用：赌局的取决于状态的主观期望效用计算方法如下：将每个状态下所得到的回报的效用分别乘以该状态出现的概率，再把所有数字加总。

取决于状态的主观期望效用属性：如果当且仅当某个赌局有更高的取决于状态的主观期望效用时，你喜欢该赌局胜过另一个，那么你对于赌局的偏好就具备取决于状态的主观期望效用属性。

强条件：即中性条件和响应条件。

主观期望效用：赌局的主观期望效用计算方法如下：将每个回报的效用分别乘以与之相关的状态出现的主观概率，再把所有数字加总。

主观期望效用属性：如果当且仅当某个赌局具有更高的（取决于状态的）主观期望效用时，你喜欢该赌局胜过另一个，那么你对于赌局的偏好具备（完全）主观期望属性。

替换条件：它要求，如果你喜欢一个赌局胜过另一个，那么当这两个赌局以相同权重分别与第三个赌局组成混合赌局时，你将喜欢前一个混合赌局胜过后一个。

稳定的：如果你的行为是你对于我的行为的最佳反应，且我的行为也是我对于你的行为的最佳反应，那么由你我各自一个行为所组成的这一对行为就是共同稳定的。

具备传递性的：对于一个“至少一样好”关系来说，如果在X至少和Y一样好，且Y至少和Z一样好的情况下，X至少和Z一样好，那么就称该关系具备传递性。

一致条件：它要求，如果每个人都喜欢第一个选项胜过第二个，那么集体将从这对选项中单选第一个。

非劣势的：如果无论我选择什么行为（或行为组合），没有其他行为能给你更高的（期望）效用，那么你的行为就是非劣势的。

效用：效用是指派给选项的一些数字，其指派方式要求仅在第一个选项比第二个更好的情况下，第一个选项具有更高的效用。

效用最大化：如果对于某些效用指派方式，你所选择的选项恰好就是那些至少和任何剩余选项一样好的选项，那么你的选择就是效用最大化的。

效用指派方案：财富的效用指派方案为每一财富水平指派相应的效用。

无知面纱：无知面纱代表假装不知道某些已经被决定的事实，特别是，你所处的位置或角色。

不确定性面纱：不确定性面纱代表对某些尚未发生的事件确实一无所知，比如你的财富将会是多少。

投票机制：一个集体的投票机制规定了其成员各自所表达的偏好（不一定是真实偏好）在决定集体选择时所起的作用。

弱条件：独立条件和一致条件。

译名对照表

A

A Beautiful Mind《美丽心灵》
Allais 阿莱
alphabetical rule 字母表法则
Animal example 动物的例子
anonymity condition 匿名条件
Archimedes 阿基米德
Aristotle 亚里士多德
Arrow 阿罗
Auction example 拍卖的例子
Aumann 奥曼

B

Bentham 边沁
Bernoulli 伯努利
best response 最佳反应
Binmore 宾默尔
Bird example 鸟的例子
Bohr 波尔
Borda example 博尔达例子
Borda rule 博尔达法则
Buridan 布里丹

C

cardinal utility 基数效用
certainty equivalent 确定性对等物
compound gamble 复合赌局
constitution 规章
continuity condition 连续条件
contraction condition 缩约条件

D

de Borda 德・博尔达
de Condorcet 德・孔多塞
decisive (set) 决定性的(集合)
degenerate gamble 简化赌局
dictatorial (constitution) 独裁性的(规章)
distributive justice 分配正义

E

Einstein 爱因斯坦
empathetic preferences 移情偏好
expansion condition 扩展条件
expected utility 期望效用
expected utility property 期望效用属性
expected value 期望价值
explanation by a preference ordering 由偏好序列作出的解释
explanation by a preference relation 由偏好关系作出的解释

F

Fish example 鱼的例子
Flower example 花的例子

Fruit example 水果的例子

G

group 集体

H

Harsanyi 海萨尼
Harsanyi doctrine 海萨尼信条
Hodge 霍奇
Hors d'oeuvres example 开胃菜的例子
Hume 休谟

I

ideal observer construction 理想观察者的构想
impartiality condition 公平条件
independence condition 独立条件
Insect example 昆虫的例子
item-role pairs 选项-角色对
iteratively undominated (action) 反复非劣势(行为)

L

liberalism condition 自由主义条件
linear (transform) 线性(转换)

M

Majority example 多数人的例子
majority rule 多数法则
manipulable (voting scheme) 可操纵的(投票机制)
marginal utility 边际效用
Matching example 配对的例子
Meat example 肉的例子
Meeting example 见面的例子
menu 菜单
mixture 混合
more risk averse (person) 更加厌恶风险(的人)

N

neutrality condition 中性条件
Nozick 诺齐克
Nuts example 坚果的例子

O

ordinal utility 序数效用

P

pairwise (choice) 成对(选择)
Pareto 帕累托
Pareto rule 帕累托法则
Pareto example 帕累托例子
Patriarch example 首领制的例子
patriarchal (constitution) 首领制(规章)
payoff matrix 收益矩阵
plausible responses 可信反应
potential actions 潜在反应
preference ordering 偏好序列
preference relation 偏好关系
preferences 偏好
principle of acceptance 接受原则
probability 概率
probability gamble 概率赌局

R

rational (action) 理性(行为)
rational (choice) 理性(选择)
rational (preferences) 理性(偏好)

Rawls 罗尔斯
reasonable (choice) 合理的(选择)
responsiveness condition 响应条件
revelation condition 显性条件
risk averse (person) 厌恶风险(的人)
risk aversion measure 风险厌恶量度
riskier (gamble) 更具风险(的赌局)
risky part (of gamble)(赌局的)风险部分
risk premium 风险酬金

S

Samuelson 萨缪尔森
Savage 萨维奇
Soup example 汤的例子
St Petersburg example 圣彼得堡例子
state 状态
state gamble 状态赌局
state-dependent subjective expected utility 取决于状态的主观期望效用
state-dependent subjective expected utility property 取决于状态的主观期望效用属性
strong conditions 强条件
subjective expected utility 主观期望效用
subjective expected utility property 主观期望效用属性
substitution condition 替换条件
sustainable (actions) 稳定(行为)

T

Trainspotting《猜火车》
transitive (relation) 具有传递性的(关系)
Tree example 树的例子

U

unanimity condition 一致条件
undominated (action) 非劣势(行为)
utility 效用
utility maximizing (choice) 效用最大化的(选择)
utility schedule 效用指派方案

V

Vegetables example 蔬菜的例子
veil of ignorance 无知面纱
veil of uncertainty 不确定性面纱
voting scheme 投票机制

W

weak conditions 弱条件

参考文献

M. Allingham, *Value* (Macmillan, 1983).

F. J. Anscombe and R. J. Aumann, "A Definition of Subjective Probability", *Annals of Mathematical Statistics*, 34 (1963), 199–205.

Aristotle, *The Nicomachean Ethics*, tr. D. Ross, rev. J. L. Ackrill and J. O. Urmson (Oxford University Press, 1998).

K. J. Arrow, *Essays in the Theory of Risk Bearing* (North Holland, 1974).

—— *Social Choice and Individual Values* (Wiley, 1951).

B. D. Bernheim, "Rationalizable Strategic Behavior", *Econometrica*, 52 (1984), 1007–1028.

K. G. Binmore, *Playing Fair* (MIT Press, 1994).

A. Einstein, *Relativity*, tr. R. W. Lawson (Routledge, 2001).

J. Elster (ed.), *Rational Choice* (Blackwell, 1986).

P. C. Fishburn, *Utility Theory for Decision Making* (Wiley, 1970).

J. Fudenberg and J. Tirole, *Game Theory* (MIT Press, 1991).

S. Hargreaves Heap, M. Hollis, B. Lyons, R. Sugden, and A. Weale, *The Theory of Choice: A Critical Guide* (Blackwell, 1992).

J. Hodge, *Trainspotting* (Faber & Faber, 1996).

D. Hume, *A Treatise of Human Nature*, ed. D. F. and M. J. Norton (Oxford University Press, 2000).

D. M. Kreps, *Notes on the Theory of Choice* (Westview, 1988).

J. F. Nash, "Non-cooperative Games", *Annals of Mathematics*, 54 (1951), 286–295.

J. von Neumann and O. Morgenstern, *The Theory of Games and Economic Behavior* (Princeton University Press, 1944).

R. Nozick, *Anarchy, State, and Utopia* (Basil Blackwell, 1974).

—— *Socratic Puzzles* (Harvard University Press, 1997).

M. J. Osborne and A. Rubinstein, *A Course in Game Theory* (MIT Press, 1994).

D. G. Pearce, "Rationalizable Strategic Behavior and the Problem of Perfection", *Econometrica*, 52 (1984), 1029–1050.

R. W. Pratt, "Risk Aversion in the Small and in the Large", *Econometrica*, 32 (1964), 122–136.

J. Rawls, *A Theory of Justice* (Oxford University Press, 1972).

L. Robbins, *An Essay on the Nature and Significance of Economic Science* (Macmillan, 1932).

J. E. Roemer, *Theories of Distributive Justice* (Harvard University Press, 1996).

P. A. Samuelson, *Foundations of Economic Analysis* (Harvard University Press, 1947).

L. J. Savage, *Foundations of Statistics* (Wiley, 1954).

A. K. Sen, *Collective Choice and Social Welfare* (Oliver & Boyd, 1970).

K. Suzumura, *Rational Choice, Collective Decisions, and Social Welfare* (Cambridge University Press, 1983).

扩展阅读

Non-technical overviews of choice theory are provided by Elster and by Hargreaves Heap *et al.*; an overview of the subplot of distributive justice is provided by Roemer. Further reading relating to individual chapters is given below.

Preface

The Einstein quotation is from pp. ix–x.

Chapter 1

The concept of rational choice begins with Aristotle; the origin of its more formal treatment may be ascribed, more arbitrarily, to Robbins. The *Trainspotting* quotations are from pp. 3–5 and from p. 106 of Hodge (with each occurrence of "fucking" omitted); the Aristotle quotations are from p. 139; and the Hume quotations are from pp. 266–267 (with abbreviations completed and emphasis omitted).

Chapter 2

The formal treatment of choice under certainty originates with Samuelson. Proofs of all the claims made in the main discussion may be found in Fishburn (chapters 2 and 3) or in Suzumura (chapter 2).

Chapter 3

The formal treatment of choice where probabilities are given originates with von Neumann and Morgenstern; that where probabilities must be inferred originates with Savage, or, in the framework employed in this chapter, with Anscombe and Aumann. The Nozick quotation is from *Socratic Puzzles*, p. 48. Proofs of all the claims made in the main discussion may be found in Fishburn (chapters 8 and 12) or in Kreps (chapters 5 and 7); those relating to the case where probabilities are not given involve some serious mathematics.

Chapter 4

The formal treatment of risk aversion originates with Pratt. The Rawls quotation is from p. 62; and the Nozick quotation is from *Anarchy*, pp. 149–150 (with emphasis omitted). Proofs of all the claims made in the main discussion may be found in Arrow's *Essays* (chapter 3) or in Kreps (chapter 6); those relating to the measure of risk aversion involve some serious mathematics.

Chapter 5

The formal treatment of individual rationality in a strategic setting originates with Bernheim and with Pearce; that of jointly sustainable choice in such a setting originates with Nash. The Hume quotation is from pp. 334–335 (with abbreviations completed). Proofs of all the claims made in the main discussion may be found in Fudenberg and Tirole (chapters 1 and 2) or in Osborne and Rubinstein (chapters 2 and 4); those relating to the equivalence between strategic rationality and freedom from iterative dominance, and to the existence of mixed strategy equilibria, involve some serious mathematics.

Chapter 6

The formal treatment of group choice originates with Arrow's *Social Choice*. The Binmore quotations are from pp. 283 and 300 (with references and emphasis omitted). The proof of the impossibility theorem follows that of Allingham, pp. 23–25. Proofs of all the claims made in the main discussion may be found in Sen (chapters 3*–6*) or in Suzumura (chapters 3–7).